부동산 N잡
생활중개 알아보기

전국 40만 장롱면허 공인중개사

부동산 N잡
생활중개 알아보기

홈스퀘어부동산연구원

개업 없이, 출근 없이 집만 안내하고 중개 수수료 받자

생활 밀착형 부동산 중개서비스 특허 출원

10-2022-0114570

생각나눔

머리글

　- 연간 40만 명이 넘는 수험생이 응시하여 제2의 수능이라 불리는 국민자격증, 공인중개사.

　- 1985년 1회 합격자 배출을 시작으로 2021년 누적 합격자 수 약 50만 명, 이 중 개업한 공인중개사는 12만 명, 장롱면허 38만 명에 달하지만 2021년도에도 약 40 만 명이 응시하였으며, 합격자 2만 7천 명이 배출되었다. 2022년 응시자 역시 40만 명이 넘을 전망이며, 예상 합격자 수도 3만 명 전후가 될 것으로 예상된다.

　- 이렇게 많은 사람들이 공인중개사 자격증에 도전하는 이유를 열거하면 아래와 같다.

📑 〈공인중개사의 장점〉

- 응시자격 제한이 없다
- 정년이 없다
- 취득 후 언제든지 취업, 개업 가능
- 근무 시간 자유로움

- 능력에 따른 성과급

- 상사 스트레스가 적음

- 육체적 난이도 낮음

- 최근 집값 상승으로 중개보수가 직장 연봉이라는 언론기사영향

- 부동산 공부와 부자 인맥 쌓기 용이함

- 자격증을 스펙으로 인정하는 추세

- 위와 같은 장점을 가진 공인중개사 시험에 합격하여 부동산 창업의 꿈을 가지고 창업에 도전하는 이면에, 치열한 경쟁과 사무실 운영비, 마케팅 비용 등 고정경비지출 부담에 대한 고비를 넘기지 못하고 꿈을 접는 것 또한 엄연한 현실이다.

- 한국공인중개사협회에 따르면 2021년 전국의 공인중개사 개업은 1만 6천806건, 폐업은 1만 1천107건, 휴업은 862건으로 집계됐다. 특히 2021년 개업 건수는 2013년(1만 5천816건) 이후 가장 적은 수준으로, 정부의 각종 부동산 규제로 거래가 얼어붙었던 2019년(1만 6천903건)보다도 더 줄었다.

지난해는 초강력 부동산 규제 기조가 유지된 가운데, 하반기에는 대출 규제가 더 강해지고 금리마저 인상되면서 매수세가 실종되다시피 하여 거래 절벽에 따른 부동산 폐업이 급증하였다.

- 이러한 부동산 거래 건수 감소에 따른 수입감소와 물가상승에 따른 각종 지출경비증가로 부동산 폐업이 급증하는 가운데 부동산 종사

자들의 활로를 찾아야 하는 시점이다.

특히, 2022.9월 국토교통부는 년간 2만명에 달하는 공인중개사가 배출되어 주택관리사(1,610명) 감정평가사(203명)등 다른 국가전문자격에 비해 현저히 많은 인원이 공급되고 있고,

공인중개사의 과잉공급은 한정된 부동산중개시장 내에서 중개건수와 수입감소로 이어져 서비스 질이 악화되거나, 과당경쟁으로 인한 중개질서 부작용을 초래할 위험이 높다고 보아

공인중개사 자격자수 산정 및 자격관리방안(자격갱신제, 중개사고 삼진아웃제, 미종사자자격박탈)을 마련하고 있다(국토교통부 부동산산업과 "공인중개사 자격제도 개선을 위한 연구"용역)

- 국토교통부의 공인중개사 자격관리방안에 의하면 자격증을 유지하기 위해 보수교육을 통해 자격증을 갱신하고, 일정기간 부동산에 종사 경험이 없을 경우 자격증회수도 검토하는 실정이다.

- 생활중개는 국내 최초 소개되는 개념으로, 아파트나 주거단지에서 생활하는 주부, 수험생 등이 자기가 거주하는 단지매물을 안내하는 간단한 중개(보조)업무를 수행하고, 계약 시 부동산 수수료 수입을 올릴 수 있는 획기적인 중개시스템으로, 자기단지매물을 생활 경험에 비추어

누구보다 상세하고 전문적으로 안내하는 신선한 아이디어에서 출발한 새로운 중개 시스템이다.

현재와 같은 부동산 창업이나 전일 취업이 여의찮은 상황에서 자투리 시간을 내어 간단한 매물안내를 통해 부수입을 올리면서 경험이 쌓이고 개업 환경이 나아지면 창업에도 도전할 수 있는 준비도 된다는 점에서 부동산 재테크에 관심자를 위하여 조금이라도 도움이 되고자 하는 마음에서 생활중개시스템에 대하여 소개하고자 한다.

이 책은 단순한 생활중개 부업소개에서 끝나는 것이 아니라 생활중개를 하고 싶은 독자는 안내된 신청방법으로 생활중개를 지원할 수 있고, 소정의 절차를 거쳐 실제로 중개(보조)활동을 할 수 있는 실용서라는 점이다.

생활중개는 단순한 부동산 중개거래가 아닌 이웃 맺기 좋은 방법 중에 하나로 생활의 활력과 즐거운 삶으로 연결될 수 있는 재미있는 부업으로 이미 많은 분들이 자기 단지를 골라서 도전하고 있다. 내일의 부동산 홈스퀘어 생활중개에 관심이 있는 분은 '홈스퀘어' 홈페이지를 참고하시면 되겠습니다.

2022. 10.

홈스퀘어부동산연구원

홈스퀘어 생활중개 모집 안내

전국 38만 공인중개사 장롱면허 주목!

**제1기 생활공인중개사
생활중개보조원 모집**

내가 살고있는 주거단지
매물 보여주고 수수료 받자

초보 OK
1재택 OK
중개보조원 OK

생활공인중개사란?

생활공인중개사는 개업 없이 중개사나 중개보조원의 업무를
일부 수행하고 수수료를 지급받는일종의 프리랜서입니다.

초보 OK, 재택 OK, 주부 OK

생활공인중개사의 주 업무는 공인중개사가 아니어도
누구나 할 수있는 '단지 내 매물 소개' 업무입니다.
※ 공인중개사 자격증 소지자 우대
※ 아파트는 집보여주기 업무특성상 여성만 지원가능

본사교육
물품 제공

생활공인중개사님의 원활한 업무를 위해 교육과
업무용품(명함, 사원카드, 중개업무물품등) 을
제공하고 있습니다.

단지 당 1명 선착순 모집

생활공인중개사님의 수익보장을 위해
아파트 단지 당 1명 우선모집을 실시하고 있습니다.

채용절차

STEP 1   STEP 2   STEP 3   STEP 4

전화 또는 온라인 지원   선착순심사   본사교육   업무계약

생활중개지원신청안내

    생활중개플랫폼 홈스퀘어가 자유롭게 재택근무하는 '생활공인중개사 및 생활중개보조원'을 모집합니다.

    생활중개는 개업 없이 생활하면서 중개보조업무를 수행하고 중개보수를 받는 일종의 프리랜서입니다.

    (공인중개사 자격증이 있는 경우 생활공인중개사, 직무교육을 이수한 중개보조원은 생활중개보조원으로 활동하게 됩니다.)

    ※ 주 업무는 거주하고 있는 거주단지 지역중심 매물(집) 보여주기 입니다.

    단, 아파트는 집 보여주기는 업무특성상 여성에 한합니다.

    ※ 남성분은 오피스텔, 주상복합, 생활숙박시설, 도시형주택 빌딩 등에 거주자 또는 연관 있는 경우 신청 가능합니다.

    연관 있는 경우라 함은 해당건물에 근무하거나 또는 해당건물이 거주지(아파트) 또는 근무지와 1,000m 이내 있는 경우를 말합니다.

    업무 특성상 아파트는 남성분은 근무가 불가능하오니 양해 부탁드립니다.

생활중개바로가기

※ 모집 대상은 주거단지 실거주자로서, 공인중개사 자격 보유자는 우대합니다.

(지원일 기준 개업 중인 공인중개사나 취업 중인 중개보조원은 지원 불가)

※ 생활중개 수입 보장을 위해 1단지당 1명 선착순 선정 예정입니다.

거주하는 세대 포함 3,000세대(공인중개사는 5,000세대)배정 예정입니다 (거주단지 반경 1,000m 이내).

※ 생활중개 신청자는 본사교육(별도안내 1시간)을 진행하며, 명함, 사원증, 중개업무물품도 지원합니다.

※ 실제업무를 개시하기 위해서 한국공인중개사협회 사이버교육을 수료하셔야 합니다.

※ 생활중개 희망자는 홈스퀘어 홈페이지나 1800-8716으로 신청하시면 됩니다.

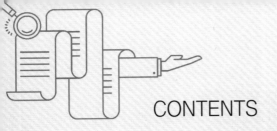

CONTENTS

머리글 · 4

✏️ **제1장 생활중개란 무엇인가?**

1절 N잡 시대   21

2절 누구보다 잘 할 수 있는 N잡   23

3절 부동산은 3차원? 4차원?   25

4절 생활중개란 무엇인가?   27

5절 모집 한 달 만에 280명, 15만 세대 신청   30

6절 생활중개 1단계 '집 보여주기'   32

7절 생활중개 2단계 '자기매물수집'   35

8절 생활중개 3단계 '계약서 작성'   37

9절 생활중개 4단계 '파트너 공인중개사'   41

10절 즐거운 생활중개   42

제2장 공인중개사 어제, 오늘 그리고 내일

1절 공인중개사   45

2절 중개업 종사자   46

3절 국민자격증 공인중개사   47

4절 공인중개사 자격증 장점과 단점   50

5절 중개사 수입과 지출 / 중개보수시장 규모   52

6절 중개사무소 개업 절차   54

7절 개공, 소공, 중보, 중개법인, 분사무소   56

8절 공제증서, 협회가입   64

9절 지역회원업소 가입   65

10절 국토교통부의 공인중개사 자격제도 개선방향 검토   66

11절 한국공인중개사협회 유일한 법정단체화 입법발의   68

제3장 현재 부동산 시스템의 문제점과
시장의 변화 요구

1절 부동산 거래의 4요소   71

2절 현재 부동산중개시스템의 문제점   72

3절 비싼 부동산 수수료   74

4절 매물정보 부족   78

5절 허위매물 헛걸음   80

6절 중개사무소매물공유   81

7절 중개 불친절   83

8절 전문성 부족   85

9절 중개사의 전문성과 신뢰성 회복   88

📝 제4장 새로운 부동산플랫폼 홈스퀘어?

1절 부동산 플랫폼의 종류   **93**

2절 생활중개플랫폼(홈스퀘어)의 특징   **98**

3절 생활중개시스템   **101**

4절 소유자 직접등록   **101**

5절 전자계약   **104**

6절 반값중개   **107**

7절 반값등기   **109**

8절 전속중개   **111**

제5장 생활중개 알아보기

1절 주거단지 거주자로서 자투리 시간을 낼 수 있는 분   115

2절 직장을 다니거나 다른 생활이 방해받지 않아야 한다   116

3절 실무교육(중개사) 또는 직무교육(중개보조원) 수료   118

4절 개업공인중개사와 고용계약   120

5절 홈스퀘어 중개체계   121

6절 희망단지 배정   125

7절 소속공인중개사 또는 소속중개보조원 신고   127

8절 명함, 신분증(사원증) 교부   129

✏️ 제6장 생활중개 실전 1

1절 접근동기, 회피동기   131

2절 관할단지 부동산정보 익히기   133

3절 부동산정보플랫폼 연습   136

4절 홈스퀘어 플랫폼 연습   138

5절 매물관리   145

6절 매물수집– 단지매물   146

7절 매물수집– 네트워크매물, 네트워크손님   148

8절 본인매물도 수수료를 받는다   149

9절 손님을 소개해도 수수료가 있다   150

10절 생활중개 수수료 종류와 지급시기   151

11절 매물분석   153

12절 매물광고(네이버 매물 등록 방법)   154

✏️ 제7장 생활중개 실전 2

1절 전화응대   **159**

2절 현장안내   **162**

3절 가계약   **165**

4절 정계약   **168**

5절 중도금   **172**

6절 잔금   **173**

7절 각종 신고   **178**

8절 입주 및 이웃되기   **182**

✎ 부록

1. 양식   **185**

  1) 전속중개계약서

  2) 부동산거래계약 신고서

  3) 부동산거래계약 신고필증

  4) 주택취득자금 조달 및 입주계획서

  5) 주택 임대차 계약 신고서

  6) 주택 임대차 계약 신고필증

  7) 국토교통부 「공인중개사 자격제도 개선을 위한 연구」 제안요청서 발췌

2. 중개업무 참고 사이트   **201**

생활중개란 무엇인가?

· 1절 N잡시대

· 2절 누구보다 잘 할 수 있는 N잡

· 3절 부동산은 3차원? 4차원?

· 4절 생활중개란 무엇인가?

· 5절 모집 한 달 만에 280명 지원, 생활중개단지 15만 세대 지정

· 6절 생활중개 1단계 '집 보여주기'

· 7절 생활중개 2단계 '자기매물수집'

· 8절 생활중개 3단계 '계약서작성'

· 9절 생활중개 4단계 '파트너공인중개사'

· 10절 즐거운 생활중개

1절 **N잡 시대**

✎　한때 '평생직장'이란 말이 있었다. 학교를 졸업하고 첫발을 내딛는 첫 직장에서 평생정년을 채우고 명예(?)롭게 은퇴를 하는 시절은 이제 주변에 흔치 않은 풍경이 되었다. 오히려 한 직장에 오래 머무르는 경향보다 더 나은 직장으로 이직하며, 경력을 관리하는 시대가 왔다.

예전에 부업이라 하면 작은 가게를 하나 하거나 집에서 일정한 물건을 제조하며 납품하는 시절에서, 배달업처럼 내가 언제 어디 있어도 내가 직접 일을 골라서 하는 새로운 부업이 생겨 났고, 낮에는 직장을 밤에는 배달을 하는 투잡, 게다가 취미가 발전하여 유튜브까지 하여 수입을 올리기도 하는 이른바 N잡러까지 다양한 부업의 시대가 열렸다.

부동산투자에 관심이 있어서 공부를 기록하다 보니 유명 블로거가 되었다거나 요리를 좋아하다가 유명 유튜버가 되는 등 오늘의 부업의 세계는 그야말로 나의 모든 일상생활에서 이른바 유니크한 특징을 가진다면 그것이 다른 사람들의 호기심을 부르고 인정을 받는 그러한 현상, 즉 생활과 직업이 겹치는 일들이 많아지고 있는 것이다.

생활중개는 생소한 용어지만 이런 생활 속에 중개활동이라고 풀어 이야기한다면 내가 사는 아파트나 오피스텔 등 나에게 익숙한 주거환경(부동산)을 소개하는 일은 따로 공부하지 않아도 될 만큼, 이미 잘 알고 있는 내용이기에 누구나 할 수 있는 부업이다.

누구나 할 수 있지만 아무나 할 수 있다는 것은 아닌 것이 자기가 살고 있는 거주단지에 대하여 정보를 이미 가지고 있어 이를 자연스럽게 소개가 가능하며, 네이버 부동산이나 직방 등과 같은 정량플랫폼에서 알 수 없는 입주민만이 알거나 먼저 알 수 있는 위치에서 수집된 정성적인 부동산 정보가치가 뛰어나다고 할 수 있다.

생활중개단지 모집을 시작하고 한달 만에 280단지(약 15만 호)가 신청하였다는 것이 생활중개가 새로운 부업으로써의 신선한 가능성을 알아본 분들이 많다는 것을 의미하기도 한다.

2절 누구보다 잘 할 수 있는 N잡

✎ 　요즈음 인터넷쇼핑은 많은 물건이 올라와 있어 여간 시간이 많이 소비되는 것이 아니다.

가격도 비교해 보고 품질도 비교해 보는 동안 반드시 찾아보는 것이 이른바 이용후기다.

맛집 찾기, 숙소 고르기, 심지어 영화, 여행지, 책 등 다양한 품목에서 다른 이의 이용후기나 감상평을 참조하곤 한다. 대부분의 경우 광고성 이용후기가 아닌 경우에는 무난한 선택을 하게 되어 안심이 된다. 하지만 광고성 후기 또는 블랙컨슈머의 악플도 우리의 선택을 방해하는 요인으로 등장해서 한층 선택을 어렵게 하기도 한다.

일부 부동산플랫폼에서도 거주이용자의 이용후기가 게재되어 있고, 도움이 되는 정보가 게시되기 시작하는 추세로 앞으로는 더욱 많은 실거주자의 이용후기가 활용될 것으로 전망된다. 하지만, 인터넷의 익명성 탓에 정보의 신뢰도 면에서는 보완해야 할 점도 보인다.

생활중개는 단지 내에서 실제로 거주하는 공인중개사나 중개보조인이 매물을 안내하고 설명하는 일을 하게 되어 있다. 일단, 입주자가 매물안내를 하기 때문에 단지정보나 여타 생활정보에 대해 막힘없이 안내가 가능하다. 또, 안내를 맡은 공인중개사나 중개보조인의 경우 어쩌면 입주민이 될 지도 모르는 손님에게 자칫 거짓정보나 과장된 정보를 제공한다면 나중에 그 책임에 대하여 자유로울 수 없기에 정확한 정보전달이 자연스럽게 이루어질 수밖에 없다는 장점이 있다.

손님의 입장에서도 여타 부동산사무소에서 접할 수 없는 단지 내 커뮤니티 생활정보라던지 학교 배정, 마트 정보, 병원 정보 등, 그야말로 생활에서 우러나오는 각종 유용한 정보를 정확하고 빠르게 전달받는 장점이 있다.

생활중개부업의 장점은 아래와 같다.

- 출퇴근 없이 재택이며 근무시간 프리

- 집 보여주기 등 단순업무

- 실거주자 우위 업무

- 자투리 시간 활용

- 육체강도가 없는 업무

- 친목관계에서 일감발생

- 반값중개 반값등기

- 직장스트레스 없음

- 목표나 강요 없음

- 능력급으로 고소득 가능

- 정년이 없음

예컨대, 배달업과 같이 요즘 뜨는 부업은 아무리 오래 하여도 경험은 축적되지만 전문성을 인정받기는 쉽지 않고 개업을 하는 일은 거의 없다고 봐야 한다.

그러나, 생활중개는 부업을 하는 동안에도 점점 경험과 전문성이 쌓여가는 부업이므로 언젠가는 취업을 하거나 개업할 수도 있는 장점까지 가지고 있어 부업이 전업이 될 수도 있는 시재흐름에 맞는 매우 적합한 새로운 부업으로 한번 도전해 볼 만하다.

3절 부동산은 3차원? 4차원?

✎   만일 우리가 귀촌을 한다든지 아니 좀 더 가볍게 세컨드하우스를 하나 마련한다고 도시를 떠나 시골로 가면 이제 네비게이션이라는 지도플랫폼을 통해 길 찾는 일은 어렵지 않다. 특히, 하룻밤 묵는 팬션이나 캠핑장을 선택할 때는 잘 정리된 숙박예약 플랫폼과 지도로도 충분한 정보를 제공받고 실제 이용에도 별다른 문제가 발생하지 않는다. 하룻밤 묵는 팬션이나 캠핑장을 선택할 때도 이제는 누구라도 미리 '임장'을 가지 않지만 인터넷에 쌓여있는 이용 후기를 검색하는 등 '랜선 임장'을 통해 정보의 신뢰성을 확인하여 선택을 하곤 한다.

그렇다면, 수 년 또는 어쩌면 아주 오랜 기간 거주를 하거나 경작을 목적으로 부동산을 선택하고자 할 때 부동산 플랫폼과 지도만으로는 충분한 정보를 받았다고 확신할 수 없어, 인터넷에 있는 정보를 총동원하여 검색하고 나서, 현장을 직접 가서 내 눈으로 확인하는 소위 '임장'을 하게 되며 심지어 신중한 사람의 경우에는 봄, 여름, 가을, 겨울 사계절을 '임장'하는 분도 더러 있다.

만일, 내가 선택하는 곳이 이미 내 고향이거나 나와 신뢰가 있는 친지가 있다면 그들의 조언을 통해 사계절을 다니면 임장을 하는 수고로움은 당연히 하지 않을 것이다.

이러한 차이는 어디서 오는 것이며, 그 핵심은 무엇일까?

우리는 3차원에 살고 있다. 여기서 차원이란 무엇일까?

차원이란 위치를 나타내기 위해 필요한 축의 수를 말한다. 부동산을 여러 면에서 정의할 수 있지만 과학적 시각에서 바라본다면 위치와 공간으로 설명할 수 있는데, 해당 토지 평면좌표와 수직 축을 이으면 3차원 공간 개념이 생긴다. 따라서, 부동산은 3차원이라고 말할 수 있다.

즉, 부동산을 소유하면 법률적으로 평면뿐 아니라 해당 토지의 일정한 지상과 지하까지도 소유권이 미치므로 이런 상상의 3차원 입방체를 상상할 수 있다. 그러나, 수학적으로는 아니지만 아인슈타인은 시간을 4차원이라고 정의하고 하므로 재미로 이를 대비해본다면 만일, 부동산이 여름에는 항상 홍수가 나고 겨울에는 폭설로 갇히는 공간이라면 계절요소가 추가로 고려되어야 한다. 이때, 사계절은 바로 시간이다. 내가 임장 갔을 때 파악하고 있는 3차원 공간의 부동산은 사계절 임장과 비교한다면 매우 짧은 임장 시간이라는 차이가 있다. 그래서 부동산을 선택할 때 시간은 매우 중요한 요소가 될 수 있다. 보다 정확하게는 그 부동산에서의 생활 또는 이용한 시간의 길이와 거기서 얻은 정보를 의미한다.

그래서, 특정 지역에서 생활 경험이 오랜 사람을 '토박이' 또는 '원주민'이라고 칭하고 그들의 정보를 얻고 싶은 이유가 바로 지도나 부동산

플랫폼에서 얻을 수 없는 시간의 경험 정보를 보완하고 싶은 심리라고 할 수 있다.

"**부동산은 공간이고 자산이며 위치다.**"– R. M. 허드(지리학자)

경제학자 A. 마샬도 "부동산은 위치의 가치다."라고 말한 바 있다.

학자들이 정의한 부동산에 더하여 시간을 고려하여 위치를 선정한다면 아래와 같이 하면 틀림이 없을 것이다.

주거지역이라면 생활이 안락하고 상업지역이라면 장사하기 좋은 위치에 사람들이 많은 시간을 통해서 자리잡아 온 그 지점을 좋은 위치라 하고 그곳이 부동산이 자산으로써의 더 많은 가치(비싼)를 가지게 된다고 할 수 있을 것이다. 부동산은 4차원이다.

4절 **생활중개란 무엇인가?**

▌ 분업 중개시스템

국어사전에도 없는 새로운 단어 생활중개는 홈스퀘어 플랫폼에서 국내 최초로 도입한 신개념 중개시스템 용어를 말한다.

현재의 중개시스템은 단지 내 부동산 사무실에서 중개업무를 수행하는 공인중개사 또는 중개보조원이 집을 보여주는 현장안내업무, 계약서 작성업무 등을 모두 수행하는 단독중개시스템이고, 생활중개시스템은 집을 보여주는 현장안내업무는 해당 물건소재지에 실거주자인 생활중개직원이 보조업무를 수행하고, 계약서 작성업무 등은 본사소속 중개사가 하는 분업중개시스템이다.

생활중개시스템

▌ 이용후기 중개시스템

생활중개의 핵심은 본인이 거주하고 있는 아파트나 주거단지를 직접 소개(현장안내)하는 데 있다. 이미 수 년간 본인이 거주하고 있는 단지를 경험하고 있는 공인중개사나 중개보조원이 안내하는 시스템으로, 이른바 이용후기가 충실한 상품을 고르는 것과 매우 유사한 중개시스템이라고 할 수 있다. 또한, 만약 계약을 하고 입주를 한다면 같은 단지 입주민이 되는 것이니만큼 낚시성 이용후기란 있을 수 없다는 장점도 지닌다. 이는 책임중개시스템으로 발전하는 주요한 포인트가 된다.

▌ 재택중개시스템

생활중개의 주업무는 집 보여주기 같은 단순하면서도 시간이 많이 소요되지 않으며, 육체적인 부담도 없는 업무를 수행한다. 따라서, 재택 부업으로써 시간적으로도 자유롭고 일상생활을 영위하는 데 거의 지장이 없는 새로운 부업으로 부상할 것이다. 최근에는 평생직장보다는 여러 개의 직업을 가진 이른바 N잡이 유행하고 있으면서 취미가 주업이 되기도 하는 시대다. 만일, 독자가 부동산에 관심이 있고 그로 인해 수입이 생기는 일을 고려한다면 우선 내 시간 전부를 투자 해야 하는 취업이나 개업보다도 먼저 생활중개와 같은 부업부터 시작하는 것도 좋은 선택일 수 있다.

▌ 체험중개시스템

경험이 쌓이면 개업으로 더구나 요즈음과 같이 부동산불황기에 거래가 없어 한 달에 1천여 부동산이 폐업하는 시기에 자금을 들여 무모한 개업을 한다면 매달 월세, 관리비에 본인 인건비까지 고정적으로 지출은 나가는데, 거래수입이 없어 경험이 없는 신규 창업자는 고전할 것이 자명하다. 부동산 불황기에는 손쉬운 부업을 하면서 체험을 먼저 쌓아 나가다가 적정한 시점에 취업이나 개업을 하는 것이 현명한 선택이라고 본다.

5절 모집 한 달 만에 280명, 15만 세대 신청

    홈스퀘어는 생활중개시스템을 개발한 후 2022년 8월 19일 조선일보개최 2022년 부동산트렌드쇼 박람회에 처음 출점하였는 데, 당시 출점한 여러 부동산 프롭테크사 중에 가장 인기부스로 화제에 올랐다. 이른바, 집에서도 중개 부업을 할 수 있다는 신선한 개념으로 박람회 참가들에게 수많은 관심과 신청을 받았고, 이후 언론의 기사화가 되면서 더욱 입소문을 타기 시작하였다.

생활중개 모집 보름 만에 100여 명의 지원자가 쇄도하였는데, 이때, 생활중개가 이슈가 되어 화제가 되기 시작하자 한국 공인중개사협회에서 즉각 전국비상회의를 열어 홈스퀘어를 중개업법 위반으로 고발하기로 결정한 사실이 아래와 같이 보도되었다.

[아시아경제 노경조 기자] 한국공인중개사협회는 30일 부동산중개 플랫폼 '홈스퀘어'를 공인중개사법 위반으로 고발 조치한다고 밝혔다.

협회는 이날 세종 부동산정책연구원에서 회원정책연구위원회(이하 위원회)를 열고 ▲ 중개보조원 수 제한 ▲1회성 무등록중개 처벌규정 입법 추진 ▲KT 인공지능(AI) 부동산 광고 중단을 촉구했다며 이같이 전했다.

고발 조치 결정은 최근 중개보조원의 공인중개사 사칭 및 불법 중 중개 행위가 국민의 재산권 침해와 공인중개사 명예훼손으로 이어지고 있다는 이유에서다. 이를 근절할 수 있도록 정부·국회를 상대로 공인중개사법 개정 등 조속한 정책 입안의 기반을 마련해 나간다는 방침이다.

위와 같은 기사로 인하여 오히려 홍보효과를 가져와 그 이후 지원자가 급증하여 불과 한 달 만에 280명이 지원하였고, 그 중 희망 신청한 생활중개단지는 15만 세대 지원자가 생겨났다.

사실상, 협회의 주장은 중개사가 아닌 자에게 중개사라는 명칭을 부여하는 점, 무등록 중개업소라는 점, 두 가지를 위법사항으로 지적하며 고발을 예고하였지만, 홈스퀘어는 공인중개사와 중개보조원을 엄격히 분리하여 업무를 운용 중이고, 정상적인 등록중개사무소인 점임을 강조하며, 전혀 위법사실이 없다. 이미 이 같은 사실을 지원자들도 알고 있기에 협회의 고발조치는 아무런 장애요인이 되지 않은 셈이다.

오히려, 홍보효과로 인하여 더 많은 지원자가 생겨나 전국적으로 지원자가 생겨나고 있는 실정이며, 현재는 수도권 지원자들에 한하여 본사교육을 진행 중이지만 내년부터는 전국적인 교육망을 통해 지원과 교육시스템을 가동할 예정이다. 물론, 지원은 전국 어디든 가능하다.

이렇게 인기가 있는 생활중개는 어떤 일을 어떻게 하면 되는 것인지 지금부터 상세하게 설명하고자 한다.

6절 생활중개 1단계 '집 보여주기'

✎   생활중개시스템을 1단계는 '집 보여주기'이다.

부동산 거래를 시간적으로 나열하면 아래와 같은 절차를 거친다.

출처: 네이버부동산

상기 그림에서 제4단계인 '4. 부동산 방문 및 집 구경'에 해당하는 부분을 담당하는 것이 생활중개업무의 핵심이라고 할 수 있다.

어찌 보면 매우 간단한 업무라고 할 수 있으며, 누구라도 할 만한 일이다. 그러나 관광가이드나 유적 해설사를 떠올려보라. 해당 관광지와 유적지에 대한 풍부한 지식과 관광 당시의 타이밍과 비용 등까지 이른 바 꿰고 있는 가이드를 만난다면 우리의 여행은 매우 만족한 기분이 되고 심지어 팁을 선사하기도 한다. 그래서 가이드도 등급이 있다.

마찬가지로 '집 보여주기'는 가이드와 다르지 않으므로 마치 고급가이드가 설명하듯 인터넷에서 소개된 정보 이외 현지 가이드만이 알 수 있는 알짜 정보도 제공하여야 하는 것이다.

- 전망 배치
- 구조 설명
- 확장 타입
- 주차 사정
- 유치원 등 학군 배정
- 분리수거
- 재활용
- 관리비 정보
- 커뮤니티 정보
- 체육시설 정보

- 재건축 진행 정보

- 리모델링 진행 정보

- 장터 정보

- 병원 정보

- 상가정보

- 기타 생활 정보

　상기 정보는 생활중개 시 '집 보여주기' 단계에서 단순한 집 정보에 더하여 수많은 생활정보를 전달할 수 있는— 따로 학습하지 않아도 —단순하지만 생활중개만이 가진 특장점이라고 할 수 있다. 만일, 관심을 가지고 체계적으로 수집하여 정리해 보면 해당 단지의 유일한 전문가가 될 것이다.

7절 **생활중개 2단계 '자기매물수집'**

✎ 생활중개시스템을 2단계는 '자기매물수집'이다.

부동산중개 업무 흐름
1. 매물수집
2. 매물분석
3. 매물등록
4. 매물광고
5. 전화응대
6. 현장안내
7. 가계약
8. 정계약
9. 중도금
10. 잔금
11. 입주
12. 각종신고
13. 사후관리

▌ 중개업무의 시작은 매물수집

장사를 하려면 팔 물건이 있어야 하듯 중개를 하려면 중개할 부동산이 있어야 한다. 가끔 부동산플랫폼에 수만 개의 물건을 보고 마치 그 물건들이 자신이 거래할 수 있다는 착각을 가진 중개사가 있다면 하늘의 별을 중개하는 것이 더 쉽다는 것을 알아야 한다.

적어도 하늘의 별은 그 누구의 물건도 아니기 때문이다. 플랫폼의 수만 개의 물건들은 물건을 등록한 중개사 물건이고, 그 중개사의 허락이 없는 한 공동중개는 하지 못한다.

▌ 자기매물이 있어야 한다

부동산은 자기 매물이 있어야 한다. 한발 더 나아가 즉시 출발(부동산 은어로 바로 집을 보여줄 수 있는 물건)이 가능한 물건을 가지고 있어야 한다. 매물이 100개가 있어도 손님이 찾는 시점에 소유자, 임차인이 연락이 안 되거나 집을 보여 주지 않으면 중개는 불가능하다. 2020년 말 집 값이 폭등하던 시기에 임차인들이 집을 보여주지 않아서 거래가 안 된다거나, 집 보여주는 데 줄을 서야 했던 시절을 떠올려 보시기 바란다.

▌ 자기매물과 중복매물 플랫폼

그렇다면 부동산사무소가 가지고 있는 자기매물은 얼마나 될까? 평균 10개 내외라고 하기도 하고 많으면 100개 또는 적게는 5개 내외라고 하기도 한다. 그러나 이런 추측은 정확하지 않고 또 무의미까지 하다. 이유는 우리나라 소유자나 임대인은 매물을 부동산 한 군데에만 내놓지 않는 습성이 있기 때문에 같은 물건을 여러 부동산이 모두 자기매물이라고 착각하며 모든 중개사가 네이버 같은 플랫폼에 동일매물을 광고하고 있기 때문이다. 네이버는 이로써 많은 광고비 수입을 올리고 있지만 소비자로서는 1개의 매물이 십여 개로 노출되는 분신술로 무장한 플랫폼 정보를 접하고 있는 셈이다.

▌능동적인 매물확보 생활중개

장사는 어디나 목이 좋아야 하듯, 부동산도 목이 좋은 위치에 사무실이 있으면 유리하다고 할 수 있다. 접근하기 좋은 위치에 있는 사무소에 매물이 모이게 되고 손님도 찾아오기 마련이기 때문이다.

그러나, 위와 같은 방식은 앉아서 영업하던 시대 얘기로 점점 사무소 권리금은 제값을 못하고 있는 것이 현실이다. 오늘날은 수동적 매물수집에서 능동적인 매물확보로 전환하여 다양한 방법으로 매물을 수집하여 활발하게 자기 매물을 확보하고 있다. (상세한 자기매물확보 방법은 추후 기술)

손님도 무조건 사무실부터 방문하는 것이 아니라 플랫폼에서 마음에 드는 물건을 올린 부동산과 연락하여 아예 해당매물 위치에서 중개직원을 만나는 경우가 많아졌기 때문이다.

8절 **생활중개 3단계 '계약서 작성'**

🖊 생활중개 1단계 '집 보여주기'와 '자기매물수집'은 공인중개사나 중개보조원 모두 할 수 있는 업무이지만, 생활중개 3단계 '계약서 작성' 업무는 공인중개사만이 할 수 있다.

▌ 중개보조원의 업무

공인중개사법 제2조 제9호에 의하면 "'중개보조원'이라 함은 공인중개사가 아닌 자로서 개업공인중개사에 소속되어 중개대상물에 대한 현장안내 및 일반서무 등 개업공인중개사의 중개업무와 관련된 단순한 업무를 보조하는 자를 말한다."라고 규정하고 있다.

▌ 공인중개사만이 할 수 있는 중개

따라서, 중개의 핵심적인 업무인 '계약서 작성'은 중개업무 과정에서 가장 주요한 업무 과정으로, 공인중개사만이 할 수 있다.

'계약서 작성 업무'는 아래를 모두 포함한다.

1. 매물 수집
2. 매물 분석
3. 매물 광고
4. 전화 응대
5. 가계약
6. 정계약
7. 중도금
8. 잔금
9. 입주
10. 각종 신고

그리고 전체 중개업무에서 매물안내를 제외한 대부분의 업무를 공인중개사가 수행하여야 하며, 이를 광의의 '계약서 작성 업무'라고 할 수 있다.

▌ 부동산은 도장을 많이 찍어야 한다

부동산은 도장으로 돈을 번다는 속설이 있다. 수많은 상담과 현장안내를 해도 정작 계약서 작성 즉 최종적으로 당사자 도장을 찍지 못하면 헛수고에 불과하다. 많은 지식과 언변으로 무장한 중개사인데도 결정적으로 계약이 안 나오는 경우, 브리핑(손님에게 매물을 요약하여 설명하는 일)은 잘하는데 클로징(계약하기로 마음먹은 단계)에서 번번이 실패하고는 하는 경우, 이는 마치, 골문 앞에서 최종 볼 처리가 안 되는 경우와 같이 안타까운 상황과 같다.

1) 계약을 많이 하려면: 내 물건, 내 손님이 많아야 한다

내 물건 또는 내 손님 둘 중에 하나는 있어야 한다. 가급적 많이 가지고 있어야 계약을 추진할 수 있는 기회가 있다. 네이버, 직방 플랫폼 같은 부동산정보 플랫폼에 매물이 아무리 많아도 내 물건이 아니고 내 손님(전속)이 아니면 계약은 이루어지지 않는다.

매물이 접수되어도 누구나 가지고 있는 매물은 내 손님이 아니면 거래성사를 기대하기 어렵다. 매도자에게 손님을 소개하는 순간에 가격이 변경되거나 매물회수가 일어나는 경우가 있기 때문이다.

2) 계약을 많이 하려면: 경청하고 칭찬하라

중개는 말로 한다. 중개 과정에서 손님과의 많은 대화를 하게 되는데 성공원칙은 역시 경청이다.

먼저 손님이 무엇을 말하고자 자신에게 연락 또는 방문하였는지를 세심하게 살펴 가능하면 솔직한 본심을 들을 수 있어야 한다.

오랜만에 온 손님이라 자신이 알고 있는 매물 정보를 쏟아붓고 싶어도 서두르지 말고 먼저 듣는 습관을 가져야 한다. 누가 첫만남부터 본심을 말하길 기대하는가? 상대가 솔직해지길 원한다면 그에게 집중하고 옳은 말에는 맞장구를 치면서 칭찬을 하여야 한다. 이때가, 손님은 내 말이 통하네 하면서 본심을 열기 시작하는 때이고 그 이후 대화는 둘만의 신뢰 속에 이루어지는 관계가 생긴다. 내 손님, 내 매물이 되는 순간이다.

손님이 자기매물의 가격을 시세보다 높게 평가하여 매물을 내어달라고 할 경우에도 경청하여 그 이유를 물어 메모하여야 한다. 쓸데없이 시세가 이러니 그 가격에 팔리지 않는다면서 면박을 하는 우를 범하지 말라, 손님이 바보라서 그런 게 아니라는 걸 시간이 지나면 깨닫는 경우가 있다.

3) 계약을 많이 하려면: 홍보 없이 계약 없다

구슬이 서 말이라도 꿰어야 보배라고 매물이 많아도 홍보를 하지 않으면 손님이 저절로 찾아 오지 않는다. 무조건 네이버, 직방, 피터팬, 네모에 광고하여야 한다. 광고비가 문제가 될 수 있다. 그래도 해야지 손님이 볼 수 있다. 검색되지 않으면 존재하지 않는 매물이다.

홍보의 매체와 등록방법을 연습하여 능숙하게 관리할 줄 알아야 한다. 가능하면 개인 블로그, 유튜브를 활용하는 건 한번 등록으로 광고비가 들지 않고 영원히 등재되는 좋은 매체이니 가급적 활용하여야 한다.

9절 생활중개 4단계 '파트너 공인중개사'

✎ 생활중개는 분업중개시스템으로 현장 안내와 계약서 작성 업무를 나누어 수행하는 특징을 가진다. 즉, 매물 안내는 실제 거주하는 주민이면서 공인중개사 또는 중개보조원이 안내하며 계약 조율과 계약서 작성 등 전문적인 중개업무는 경험이 많은 본사소속 파트너 공인중개사가 맡아서 하는 방식이다. 실거주자가 안내하므로 현장 전문성이 돋보이고, 많은 계약 작성 경험이 있는 공인중개사가 계약을 조율하고 전담하므로 계약 전문성이 발휘되므로 효율적인 분업 체계가 이루어진다.

경험이 없는 장롱면허 중개사의 경우에도 생활중개를 통해 중개업무의 부담을 덜며 업무를 수행할 수 있으며, 나아가 경험이 쌓이면 스스로 계약서 작성 업무를 맡아서 할 수 있는 장점이 있다. 자연스럽게 본인의 수수료율도 올라가 수입이 증가되는 것은 물론이다.

홈스퀘어는 생활중개사의 일천한 경험을 보완하는 시스템으로 파트너 공인중개사와 매칭을 통해 일종의 멘토, 멘티 관계를 형성하게 하고 생활중개사가 스스로 계약서 작성 등 독립적인 중개업무를 수행할 때까지 멘토 겸 보완 역할을 다하는 효율적인 체계를 갖추고 있다.

생활공인중개사라도 독립적으로 업무수행이 가능하면 본인의 희망에 따라 거주 지역 내 파트너 공인중개사로 활동할 수 있는 자격이 주어지고, 이로 인한 수수료 수입은 더욱 확장될 수 있다.

10절 즐거운 생활중개

✎ "아는 사람은 좋아하는 사람만 못하고 좋아하는 사람은 즐기는 사람만 못하다."라는 논어 구절이 있다. 만일, 자기단지를 자랑하고 즐거운 마음에서 손님에게 집 안내를 하는 마음가짐이라면 즐거운 생활중개가 되고 일하는 즐거움에 따라서 자그만 하지만 수입도 생기는 여유로운 부업이 될 수 있다. 손님을 계약을 위한 방편 정도로 소개하는 욕심보다 우리 단지에 이사오면 좋겠다는 마음가짐으로 안내하는 생활중개라면 손님들도 중개사의 진심이 느껴질 것으로 생각한다.

생활중개는 거주단지를 별도 공부하지 않아도 자기가 이미 가지고 있는 경험에서 나오는 생활정보를 토대로 집 안내를 가감 없이 전달하는 과정에서 솔직한 정보가 전달되고 손님들도 그런 진심을 알 것으로 생각된다. 그동안 우리가 해왔던 수많은 부동산계약에서 누가 중개를 하였는지 기억이 없는 그런 수수료 하고만 매칭되는 중개사가 아니라 좋은 집을 소개받았다는 기억이 나는 중개사를 만나야 할 때가 아닐까?

2 PART

공인중개사 어제,
오늘 그리고 내일

· **1절** 공인중개사

· **2절** 중개업종사자

· **3절** 국민자격증 공인중개사

· **4절** 공인중개사 자격증 장점과 단점

· **5절** 중개사수입과 지출 / 중개보수시장규모

· **6절** 중개사무소 개업절차

· **7절** 개공, 소공, 중보, 중개법인, 분사무소

· **8절** 공제증서, 협회 가입

· **9절** 지역회원업소 가입

· **10절** 국토교통부의 공인중개사 자격제도 개선방향 검토

· **11절** 한국공인중개사협회 유일한 법정단체화 입법발의

1절 공인중개사

||||||||||||||||||||||||||||||||||||||||||

▐ 공인중개사의 개념

'공인중개사'란 「공인중개사법」에 따른 공인중개사 자격을 취득한 자를 말하며, 공인중개사가 되려는 자는 시·도지사가 시행하는 공인중개사자격시험에 합격하여야 한다.

- 공인중개사는 다음의 중개대상물에 대해 거래당사자간의 매매·교환·임대차나 그 밖의 권리의 득실변경에 관한 행위를 알선합니다.
▷ 토지
▷ 건축물 그 밖의 토지의 정착물
▷ 「입목에 관한 법률」에 따른 입목
▷ 「공장 및 광업재단 저당법」에 따른 공장재단 및 광업재단

▐ 중개보조원

'중개보조원'이라 함은 공인중개사가 아닌 자로서 개업공인중개사에 소속되어 중개대상물에 대한 현장안내 및 일반서무 등 개업공인중개사의 중개업무와 관련된 단순한 업무를 보조하는 자를 말한다.

따라서, 중개사 자격증이 없어도 직무교육(4시간)을 받게 되면 부동산사무소에 취업하여 소속중개보조원으로 근무하며 경험을 쌓을 수 있다.

■ 중개사무소 개설등록

- 중개업을 영위하려는 자는 중개사무소(법인의 경우에는 주된 중개사무소를 말함)를 두려는 지역을 관할하는 시장(구가 설치되지 않은 시의 시장과 특별자치도 행정시의 시장을 말함)·군수 또는 구청장에게 중개사무소의 개설등록을 해야 합니다

2절 중개업 종사자

2022년 2월 현재, 국내 개업공인중개사는 약12만 명에 육박하는데, 공인중개사가 11만4천 명, 중개인이 2천6백 명, 중개법인이 2천 개로 나타나며 시도별 분포는 아래 표와 같다.

구 분	계	공인중개사	중개인	중개법인
계	119,006	114,404	2,591	2,011
서 울	27,346	25,345	959	1,042
부 산	7,857	7,625	106	126
대 구	5,608	5,478	72	58
인 천	6,811	6,635	104	72
광 주	4,041	3,897	87	57
대 전	3,240	3,133	80	27
울 산	2,250	2,197	43	10
세 종	1,319	1,306	6	7
경 기	32,763	31,825	517	421

강 원	2,335	2,260	61	14
충 북	2,852	2,746	90	16
충 남	4,078	3,914	135	29
전 북	3,317	3,201	75	41
전 남	2,361	2,267	75	19
경 북	4,166	4,081	70	15
경 남	6,737	6,592	103	42
제 주	1,925	1,902	8	15

*국토교통 통계누리: 개업공인중개사 현황(2022. 02.)

또한, 자격증이 없는 중개보조원도 직무교육 4시간을 수료하고 개업공인중개사에 소속되어 중개보조활동을 하고 있는 데 그 숫자는 대략 5만~7만 명으로 추산하고 있다. 어림잡아 전국적으로 18만~19만명정도의 인원이 부동산중개업에 종사하고 있는 셈이다.

3절 **국민자격증 공인중개사**
||||||||||||||||||||||||||||||||||||||||||||||||||||||||||||||||||||

✎ 대한민국 4대 시험(수능, 토익, 공인중개사, 9급 공무원)이라고 불리는 공인중개사 시험은 1985년 제1회부터 2021년 32회까지 누적합격자 49만 명을 넘어섰고, 2022년 합격자 수를 더한다면 50만 명 시대가 열려 국민자격증이 되었다. 그러나, 현재 개업한 공인중개사 12만 명도 경쟁이 치열하고 포화상태를 넘어 공인자격증으로는 매우 불안정한 자격증이 되었다.

*공인중개사 년도 별 응시자 수와 합격자 수(1회~32회)

회차	시행년도	접수자 수	응시자 수	합격자 수	합격률
제32회 1차 시험	2021년 10월 30일	247,911명	186,278명	39,775명	21.35%
제32회 2차 시험	2021년 10월 30일	152,064명	92,569명	26,913명	29.07%
제31회 1차 시험	2020년 10월 31일	213,959명	151,666명	32,367명	21.34%
제31회 2차 시험	2020년 10월 31일	129,088명	75,206명	16,554명	22.01%
제30회 1차 시험	2019년 10월 26일	183,659명	129,694명	27,875명	21.49%
제30회 2차 시험	2019년 10월 26일	114,568명	74,001명	27,078명	36.59%
제29회 1차 시험	2018년 10월 27일	196,939명	138,287명	29,146명	21.10%
제29회 2차 시험	2018년 10월 27일	125,652명	80,327명	16,885명	21%
제28회 1차 시험	2017년 10월 28일	184,760명	128,804명	32,969명	25.60%
제28회 2차 시험	2017년 10월 28일	120,560명	76,393명	23,698명	31.02%
제27회 1차 시험	2016년 10월 29일	163,180명	112,038명	29,749명	26.55%
제27회 2차 시험	2016년 10월 29일	110,071명	71,829명	22,340명	31.10%
제26회 1차 시험	2015년 10월 24일	137,875명	93,185명	25,956명	27.85%
제26회 2차 시험	2015년 10월 24일	90,896명	58,178명	14,913명	25.63%
제25회 1차 시험	2014년 10월 26일	112,311명	75,235명	16,992명	22.59%
제25회 2차 시험	2014년 10월 26일	71,641명	45,655명	8,956명	19.62%
제24회 1차 시험	2013년 10월 27일	96,279명	62,817명	14,243명	25.03%
제24회 2차 시험	2013년 10월 27일	62,380명	39,343명	9,846명	22.67%
제23회 1차 시험	2012년 10월 28일	104,649명	69,335명	12,711명	18.33%
제23회 2차 시험	2012년 10월 28일	74,067명	44,540명	11,373명	25.53%
제22회 1차 시험	2011년 10월 23일	106,980명	72,482명	9,800명	13.52%
제22회 2차 시험	2011년 10월 23일	86,179명	56,875명	12,675명	22.28%
제21회	2010년 10월 24일	127,459명	67,039명	15,072명	22.50%
제20회	2009년 10월 25일	155,024명	73,180명	15,719명	21.50%
제19회	2008년 10월 26일	169,434명	89,428명	15,920명	17.80%
제18회	2007년 10월 28일	153,640명	82,465명	19,593명	23.80%
제17회	2006년 10월 29일	147,402명	79,398명	10,496명	13.20%

제16회	2005년 10월 30일	151,636명	81,543명	16,493명	20.20%
제15회 추가	2005년 05월 22일	138,272명	88,622명	30,680명	34.50%
제15회	2004년 11월 14일	239,263명	167,797명	1,258명	1%
제14회	2003년 09월 21일	261,533명	147,500명	29,636명	11.30%
제13회	2002년 10월 20일	265,995명	159,795명	19,169명	7.20%
제12회	2001년 09월 16일	132,996명	85,456명	15,461명	11.30%
제11회	2000년 09월 24일	129,608명	91,823명	14,855명	15.90%
제10회	1999년 04월 25일	130,116명	81,585명	14,781명	11.40%
제9회	1997년 11월 02일	120,485명	69,953명	3,469명	2.90%
제8회	1995년 11월 12일	72,940명	42,423명	1,102명	1.50%
제7회	1993년 11월 13일	49,602명	28,114명	2,090명	7.40%
제6회	1991년 11월 10일	95,775명	65,187명	1,798명	2%
제5회	1990년 04월 01일	42,766명	30,660명	3,524명	11.50%
제4회	1998년 12월 18일	33,400명	25,964명	5,507명	21.20%
제3회	1987년 11월 19일	26,257명	19,166명	943명	4.90%
제2회	1986년 11월 02일	39,083명	36,167명	3,018명	11.60%
제1회	1985년 09월 22일	198,808명	157,923명	60,277명	38.20%

최근 공인중개사 수가 포화상태인 것을 감안하여 시험평가방식을 절대평가에서 상대평가방식으로 전환해야 한다는 의견도 있으나, 이미 50만 자격증이 있는 상태에서 별다른 의미가 있느냐는 반론에 아직까지는 절대평가방식으로 합격자를 선발하고 있다.

더구나 응시자의 수준이 높아져 절대평가에서도 3만 명에 육박하는 합격자가 나올 것으로 예상되어 이래저래 공인중개사 수는 계속 증가할 것으로 보여 부동산중개업은 그야말로 심한 레드오션이라고 할 수 있다.

4절 공인중개사 자격증 장점과 단점

✎ 누적합격자 50만 명, 개업 중개사 12만 시대에도 여전히 한 해 40만 명에 달하는 응시자 수를 고려하면 도대체 무슨 이유로 수많은 사람들이 이 자격증에 도전을 하고 있을까?

최근 청년중개사관학교를 운영 중인 직방온택트파트너스에서 청년 공인중개사를 상대로 공인중개사 자격증 취득 이유를 물었더니, 높은 수입 58.4%, 부동산투자공부 45.5%, 취업 진학 시 우대 37.6%, 퇴직 후 일자리 30.7% 순으로 답변이 있었다.

그와 더불어 공인중개사의 장점을 열거해보면 아래와 같다.

1. 응시 자격 제한이 없다

2. 정년이 없다

3. 취득 후 언제든지 취업, 개업가능

4. 근무시간 자유로움

5. 능력에 따른 성과급

6. 상사 스트레스가 적음

7. 육체적 난이도 낮음

8. 집값 상승으로 중개 보수가 직장 연봉이라는 기사 영향

9. 부동산 공부와 부자 인맥 쌓기 용이함

10. 자격증을 스펙으로 인정하는 추세

반면 공인중개사의 자격증의 단점은 아래와 같다.

1. 창업 장벽이 낮아 경쟁이 치열
2. 마케팅 능력에 따른 불안정한 보수
3. 서비스업으로 손님 상대 스트레스
4. 정부 정책과 부동산 경기에 민감함
5. 지속적인 부동산 지식 및 제도 공부 필요
6. 대형 포털 사이트 광고비 부담
7. 개업 시 높은 임대료와 권리금 부담
8. 대형 중개회사 상대 부담
9. 휴일에도 근무하는 특성

그럼에도 불구하고 자유로운 근무시간과 능력에 따른 성과급 때문에 마케팅에 자신이 있는 분들에게는 충분히 매력적인 직업이고, 정년이 없는 점 또한 100세 시대에 큰 장점이기에 한 해 40만 명에 달하는 응시자 수를 기록하고 있는 것으로 보인다.

그러나, 정작 자격증을 취득하고도 이런저런 이유로 장롱면허가 38만 명이 대기하고 있고, 이미 개업한 중개사도 12만 명이다 보니 개업을 하는 것이 중요한 것이 아니고 경쟁에서 이길 수 있는 노하우를 가지기 위해 경험과 지식을 부단히 축적해야 하는 어려움이 현실적으로 있다는 점을 알아야 한다.

5절 중개사 수입과 지출 / 중개보수시장 규모

✎ 우리나라 개업공인중개사의 수입은 어느 정도일까? 정확한 통계는 아니어도 대략적으로 엿볼 수 있는 통계를 가지고 추정해 본다.

▌ 공인중개사 연간 매출액과 지출액 설문조사

한국공인중개사협회 회원 1만5천 명을 대상으로 2017년 설문조사 결과를 보면 아래 표와 같다. 어느 분야나 고소득과 저소득이 있기 마련이어서 공인중개사 수입 역시 월 1천만 원 이상인 상위층이 있는가하면 월 100만 원 이하 수준이 있고, 33%는 연간 2천4백만 원 이하로 나타난다.

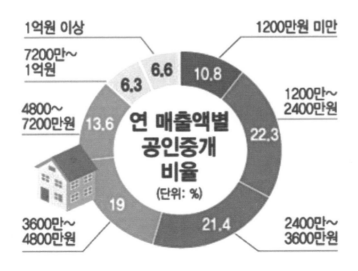

다음 표는 월간 지출비용을 나타내는데, 월 200만 원 이하 65.3%에 해당하는 중개사의 경우를 비추어 보면 수입이 지출과 같아 전혀 소득이 전무한 상태로, 사실상 적자 상태라는 추정이다.

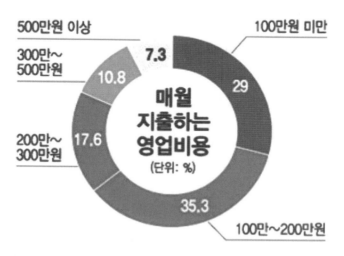

*한국공인중개사협회 회원 1만5000명 대상 2017년 설문조사
*자료: 한국공인중개사협회
그래픽: 김지영 디자인기자

우리나라 연간 중개보수시장 규모는 연간 8조3천억으로 집계하고 있으며, 개업공인중개사는 100,088명이고 종사자는 156,371명이다(통계청 서비스업 조사보고서 2019년).

(단위: 개, 명, 백만 원)

68221	부동산 중개 및 대리업	사 업 체 수	종 사 자 수	매 출 액
		100,088	156,371	8,361,304

*통계청 2019년 서비스업조사보고서

2022년 2월 기준으로 추계를 하면 개업공인중개사는 119,006명이므로 종사자 수는 대략 18만~19만 명이 종사하고 있다고 추정된다. 중개보수시장 역시 추산하면 연간 10조 원 시대로 추산된다. 아마도 집값 상승으로 인해 10조 이상 시장으로 확장되었다고 볼 수 있다.

6절 중개사무소 개업 절차

✎ 개업공인중개사의 수는 2022년 2월 기준 119,006명으로 나와 있으며, 서울 27,346명, 경기 32,763명, 인천 6,811명, 합계 66,920명으로 수도권에 56%가 집중되어 있다.

공인중개사 개업을 하기 위해서는 아래와 같은 절차가 필요하다.

임대차계약		실무교육이수		개설등록신청		인장등록
용도확인	→	협회	→	시군구청	→	시군구청

등록완료통지		공제증서신청		중개사무소등록증		사업자등록신청
시군구청	→	협회지회등	→	시군구청	→	관할세무서

실무교육이수는 협회, 실무교육 이수기관에서 교육(28시간, 13만원)하는데, 요즈음은 사이버로 교육하고 수료증은 구청에 제출하여야 한다. 정부24시에서 전자로 신고 가능하다.

중개사무소 개설등록 신청 시 필요서류는 아래와 같다.

- 공인중개사 자격증 사본
- 실무교육 수료증 사본
- 사무실 임대계약서 사본
- 여권용 사진
- 계약 시 사용할 인장 화일
- 각종 광고에 사용할 전화번호
- 법인등기사항증명서(법인)

▌ 공제증서 발급

개인 1억 한도 보증료 198,000원

법인 2억 한도 보증료 396,000원

통상 한국공인중개사협회 지부에 연락하면 친절하게 절차를 안내하여 주고 공제증서를 해당 부서에 제출하여 준다.

▌ 사무실 임대 계약 시 유의사항

부동산중개사무소는 사무실 용도에 제한이 있다. 중개사무소는 건축법령상의 건축물의 용도가 제2종 근린생활시설, 일반업무시설, 판매시설인 건축물에 사용권을 확보하였을 경우 개설등록이 가능하다.

▌ 간판은 반드시 설치해야 하는지?

공인중개사의 업무 및 부동산 거래신고에 관한 법률 제18조 제3항의 규정에 따라 중개업자는 '옥외광고물 등 관리법' 제2조 제1호의 규정에 따른 옥외광고물을 설치하는 경우 중개사무소 등록증에 표기된 중개업자의 성명을 표기하여야 한다. 다만, 현행 법령에는 간판 등 옥외광고물의 설치의무 규정을 두고 있지 아니하므로 중개업 등록 시 반드시 간판 등 옥외광고물을 설치하여야 하는 것은 아니다.

▌ 계약서는 반드시 중개사무소에서 작성해야 하는지?

법령에 따라 중개사무소의 개설등록을 한 자가 중개사무소를 벗어나 거래 계약서를 작성한 경우 동 법령을 위반한 것으로 볼 수 없음(국토교통부 공인중개사 개설등록 기준 관련 Q&A).

7절 개공, 소공, 중보, 중개법인, 분사무소

▌ 개업공인중개사

개업공인중개사란 공인중개사법에 의하여 중개사무소의 개설 등록을 한 자이다. 개인 또는 중개법인을 말하며, 통계적으로 공인중개사법 시행 당시 개설된 중개사무소인 중개인도 포함한다. 2022년 2월 말 현재 개업공인중개사는 공인중개사 114,404명, 중개법인 2,011개, 중개인 2,591명으로 합계 119,006명이고, 이 숫자는 매년 증가 추세에 있다.

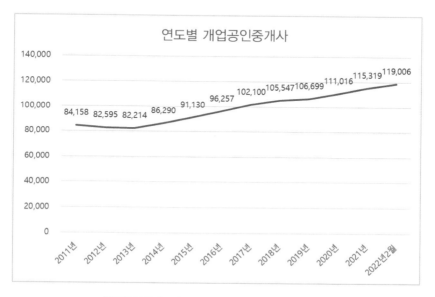

연도별 개업공인중개사

<그림교통 통계누리: 개업공인중개사 현황(2022. 02.)>

그래프에서 보면 최근 3년은 년간 약 4천~5천 명이 신규 증가 개업(개업-폐업)을 하고 있으며, 이 추세라면 2022년 말에는 개업공인중개사 12만 명의 시대가 열려 과포화 상태를 넘어서고 있다.

▌ OECD자영업 비중 높은 나라?

우리나라는 자영업의 천국인 나라다. 자영업을 하면 좋다는 말이 아니라 자영업이 너무 많다는 이야기다. OECD국가중 한국보다 자영업자 비율이 높은 나라는 그리스, 터키, 멕시코 정도이다.

대부분 문화유산 덕에 특별한 기술이 없어도 관광업에 종사할 수 있는 나라이지만 아울러 음숙업이 발달한 나라이므로 자영업 비중이 높다. 이에 반해 우리나라의 경우는 이른바, 특별한 기술이 없으니 '치킨집이나 할 까?'에서 출발하는 그야말로 묻지마 창업이 많은 편이다.

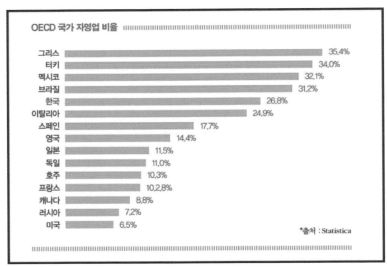

OECD 국가 자영업 비율

살펴보면 선진국들은 자영업자 비중이 매우 낮다. 그만큼 안정된 직장이 많아 국민들이 먹고 사는 데 크게 어려움이 없다는 얘기이기도 하다. 우리나라 자영업자가 힘든 이유는 기술은 없고 관광자원도 없는 환경요인에 무분별한 창업이 원인이다.

▌ 부동산중개업의 현실

2019년 통계청 자료에 의하면 프랜차이즈(가맹점) 수는 약 21만 개이고 연간 75조 정도의 매출을 올리고 있는 데 반해 부동산중개업의 경우는 사업자 수가 10만 개이고 매출은 8조 정도이다. 사업자와 종사자의 숫자로 나누어 단위당 매출을 보면 가맹 사업자는 사업자당 347백만 원, 종사자 1인당 88백만 원의 매출을 시현하고 있다.

이에 반해 부동산중개업은 사업자당 84백만 원, 종사자 1인당 53백만 원의 매출을 올리고 있다. 그러나 이는 지출이 고려되지 않은 수입이므로 지출을 공제하여야 순수입이 된다. 지출은 연평균 3천만 원이라고 하면 연 23백만 원의 급여자보다 못한 경우가 많다는 계산이다.

주요 업종별	사업체 수(개)	종사자 수(명)	매출액(백만 원)
체인화 편의점	41,394	192,616	23,198,015
문구용품 및 회화용품 소매업	1,675	4,412	647,894
의약품 및 의료용품 소매업	3,836	12,862	3,858,214
안경 및 렌즈 소매업	3,169	8,985	1,053,773
한식 음식점업	30,927	126,022	9,455,563
외국식 음식점업	7,476	39,233	2,858,719
제과점업	7,390	34,267	2,995,384
피자, 햄버거, 샌드위치 유사 음식점업	12,468	60,572	3,786,656

치킨전문점	25,687	66,854	5,287,802
김밥, 기타 간이음식점 및 포장판매점	13,371	46,342	2,812,782
생맥주 및 기타 주점업	9,965	28,272	1,806,288
커피 및 기타 비알코올 음료점업	18,350	81,303	3,845,082
자동차 전문 수리업	7,044	29,349	3,334,833
두발 미용업	3,933	21,339	1,052,276
가정용 세탁업	4,832	9,113	517,096
기타 프랜차이즈	23,671	85,295	8,109,443
합계	215,188	846,832	74,619,821
전체업종	사업자당 평균매출액		347
	종사자당 평균매출액		88
부동산중개업 및 대리업	100,088	156,371	8,361,304
	사업자당 평균매출액		84
	종사자당 평균매출액		53

〈통계청: 프랜차이즈 통계(가맹점), 서비스업 조사보고서 2019년〉

▌ 소속공인중개사

　　소속공인중개사는 개업공인중개사에 소속된 공인중개사(개업공인중개
사인 법인의 사원 또는 임원으로서 공인중개사인 자를 포함한다.)로서 중개업무를
수행하거나 개업공인중개사의 중개업무를 보조하는 자이다. 중개사 자
격증을 보유한 자로서 협회 등에서 시행하는 실무교육(총 28시간)을 수
료한 후 개업공인중개사와 고용계약을 맺고 개업공인중개사 관할구청에
소속공인중개사 고용신고서를 업무개시 전까지 신고하여야 한다.

제출하는 서류는 공인중개사 자격증 사본, 교육수료필증, 향후 근무 시 계약서에 날인에 사용할 도장 화일을 제출하면 되고(인장등록), 정부 24시 온라인으로도 신고가 가능하다. 소공신고 시 업무 전화번호를 기재하고 향후 인터넷 등에 매물 등록 시 반드시 등록한 번호만을 사용하여야 한다.

고용관계가 종료되었을 경우 10일 이내에 등록관청에 신고하여야 하고 별도 제출서류는 없다. 소속공인중개사가 계약할 때도 개업공인중개사도 같이 서명 및 날인이 필요하다. 계약서와 확인설명서 모두 자필서명 및 날인하여야 한다. 거래당사자는 서명 또는 날인하면 된다. 기명(프린트), 날인하여도 된다

▌ 중개보조인

중개보조원이라 함은 공인중개사가 아닌 자로서 개업공인중개사에 소속되어 중개대상물에 대한 현장안내 및 일반서무 등 개업공인중개사의 중개업무와 관련된 단순한 업무를 보조하는 자이다. 중개사 자격증이 없는 자로서 협회 등에서 시행하는 직무교육(총 4시간)을 수료한 후 개업공인중개사와 고용계약을 맺고 개업공인중개사 관할구청에 소속 중개보조인 고용신고서를 업무개시 전까지 신고하여야 한다.

제출하는 서류는 신고서와 교육수료필증만 제출하면 되고, 정부24시 온라인으로도 신고가 가능하다. 소공신고 시와 달리 업무전화번호를 기재하지 않고 향후 인터넷 등에 매물등록 시 중개보조인이 이름, 전화

번호를 사용할 수 없다.

고용관계가 종료되었을 경우 10일 이내에 등록관청에 신고하여야 하고, 별도 제출서류는 없다.

2021년 8월 20일 국토교통부 '중개보수 및 중개서비스 개선 방안'에 의하면 중개사 합격자 인원을 조정하기 위한 시험 난이도 조절 및 상대평가와 함께 중개사무소에 중개보조원을 공인중개사 인원 수를 고려하여 중개보조인 채용 인원 상한을 도입하는 방안을 추진한다고 발표하였으나, 시행 시기는 미정이다.

█ 중개법인, 분사무소

국내 중개법인의 숫자는 2,500여 개로 전체 중개사무소의 2% 수준으로 숫자가 적고, 연간 150개 정도 내외로 증가하고 있다. 중개법인을 설립하기 위해서는 상법상 5천만 원 이상의 자본금을 가진 법인으로 대표자는 반드시 공인중개사이어야 한다.

█ 중개법인의 겸업 제한

중개법인은 개인인 개업공인중개사와 달리 법에서 정한 아래 업무 외에 다른 업무를 함께 할 수 없다.

1. 상업용 건축물 및 주택의 임대관리 등 부동산의 관리대행

2. 부동산의 이용 · 개발 및 거래에 관한 상담

3. 개업공인중개사를 대상으로 한 중개업의 경영기법 및 경영정보의 제공

4. 상업용 건축물 및 주택의 분양대행

5. 그 밖에 중개업에 부수되는 업무로서 대통령령으로 정하는 업무

여기서 대통령령으로 정한 업무는 도배, 이사업체의 소개 등 주거 이전에 부수되는 용역의 알선을 말한다.

국내 중개사무소가 영세한 개인 자영업자들이 난립한 가운데 연간 4천~5천 명의 신규 개업공인중개사가 증가하고 있는 현실은 OECD국가의 후진국의 자영업자 비중이 높은 것과 유사한 구조를 가진다. 즉, 자본력과 기술력(프롭테크)를 갖춘 중개법인이 건전한 경쟁을 통해 부동산중개산업이 발전하여야 여기에 안정적으로 취업하는 공인중개사 숫자가 늘어나 직업적으로도 안정이 될 수 있다는 측면에서 중개법인이 할 수 있는 일을 불과 몇 가지를 법으로 정하여 놓아, 글로벌 시대에 각종 첨단 프롭테크 기술로 부동산 서비스 시장이 확장되는 시대에서는 맞지 않는 규제 조항으로 보인다.

사실상 중개법인의 겸업 제한은 지나친 대형화로 인한 개인 중개사를 보호하기 위한 차원에서 고려되어야 하는 것은 물론이지만, 중개산업의 전문성이나 종합부동산서비스 확대차원에서는 좀 더 과감한 규제철폐가 부동산산업 발전에 도움이 되리라고 본다.

▌ 분사무소

개인 중개사무소는 사무소를 전국에 1개만 개설할 수 있으나, 중개법인은 해당 주소지 외 시, 군, 구별로 1개소씩 설치가 가능하다. 분사무소에는 공인중개사를 책임자로 두어야 하며 수료증을 제출하여야 한다. 마찬가지로 공제증서도 본사와 별도로 제출한다.

8절 공제증서, 협회가입

✎ 개업공인중개사는 중개행위를 하는 경우 고의 또는 과실로 인하여 거래당사자에게 재산상의 손해를 발생하게 한 때에는 그 손해를 배상할 책임이 있다. 이를 담보하기 위하여 개업공인중개사는 업무를 개시하기 전에 보증보험 또는 협회공제에 가입하거나 공탁을 하여야 한다.

법인인 개업공인중개사는 2억 원 이상, 분사무소마다 1억 원 이상을 개인인 개업공인중개사는 1억 원 이상의 보증보험 또는 공제증서를 관할구청에 제출하여야 등록증을 교부하여 준다.

공제증서 발급시기는 통산 관할구청에서 등록증이 교부되었다는 문자를 받으면 해당 지역을 관할하는 협회사무소에 연락하면 입금과 동시에 서류처리를 대행해주어 등록증만 찾아가면 된다.

협회공제를 이용하면 보증보험료(약 10만 원)보다 2배 정도 비싼 대신에 거래정보망을 무상 사용하는 것과 각종 사고사례에 대한 다양한 경험이 축적되어 있기에 실무적으로 유리한 면이 있다(개인은 198,000원, 법인은 396,000원).

보증보험증권을 이용한다면 공제증서보다 저렴하게 이용할 수 있다. 서울보증보험에서 부동산 중개보증보험을 이용하면 된다.

9절 지역회원업소 가입

✎ 한국공인중개사협회 등과 달리 지역적으로 국한된 지역가입업소가 존재하는 경우가 있다. 통상 회원업소라고 불리는데, 여기에 가입하면 회원사 간 공동중개가 가장 핵심적인 장점이지만, 가입비가 수천만 원에 달하거나 아예 자리가 없는 경우도 있다. 회원업소는 통상 중개사무소와 일체로 권리금 형태로 거래되는 경우가 많으며, 월별 계절별 모임 참석의무가 있고 다양한 내부정보를 제공하고 있다. 그러나, 현재는 과거 인터넷이 없던 시절과 같이 매물정보가 오픈되어 있을 뿐 아니라 손님들도 중개업소의 위치를 보고 임장을 하는 시대가 아니기 때문에 회원권리금도 예전만 못하거나 없는 경우가 있다.

사실, 중개사들의 친목단체로 표방되지만 사실상 카르텔의 성격을 가진 회원업소는 건전한 중개산업을 가로막는 요인으로 지목되기도 하고, 매물과 가격을 카르텔 안에서 컨트롤하는 문제로(일명: 가두리) 소유자들의 반발을 사기도 한다. 나중에 기술하겠지만 중개매물을 중개사가 독점적으로 관리하면서 가격을 조절하는 중개사중심의 중개시스템은 인터넷과 정보의 발달로 중대한 변화를 맞고 있다.

소유자는 매물을 중개의뢰 하면서 매물의 정보공개, 광고, 집 보여주기, 가격 조정 등 일련의 중개 과정을 전적으로 중개사가 진행하게 되는 이른바 중개사중심주의 중개시스템이 지금까지의 국내 중개시스템이라고 할 수 있다.

그러나, 인터넷 발달로 인한 소유자, 손님의 정보접근이 활발해지고 오히려 중개사보다 매물정보에 대한 정보력이 우위인 경우까지 생겨나는 현실에서 앞으로는 당사자중심주의 중개 시스템이 미래의 중개시스템으로 부상될 것이라고 생각해 볼 수 있다.

제10절 국토교통부의 공인중개사 자격제도 개선방향 검토

✎ 국토교통부는 2022. 10. 7. 공인중개사 자격제도 개선을 위한 연구용역을 나라장터에 발주하고 한정된 부동산 중개시장에서 연간 2만여 명이 새로 공급되는 현재 공인중개사 자격제도의 문제점과 개업 또는 취업을 하지 않는, 이른바 장롱면허 보유자(약 38만 명 추산)에 대한 자격증 관리방안 개선을 검토하고 있다.

1985년 1회 합격자 배출 이래 33년간 493,503명의 자격증 보유자가 있으며, 이중 119,108명이 개업하여 다른 국가자격증에 비해 잠자는 면허가 많다는 진단이다.

이에 국토교통부는 우선 중개사 합격 인원을 조정하는 방안과 기존 자격증보유자의 자격갱신제, 미종사자 자격박탈 등 이른바 자격증 감소를 위한 방안을 연구 요청하는 용역을 발주한 것이다.

사실, 자격갱신제는 실제 개업을 할 경우 실무교육을 통해 새로운 법과 제도를 수강하는 제도가 이미 시행 중이고, 기존 종사자들도 2년마다 보수교육을 받고 있으므로 달리 새로운 제도를 만들 필요는 없다고 본다.

그러나, 미종사자 자격증 박탈은 여러 가지 논란을 불러올 정책임에 틀림이 없다. 우선, 타 자격증과 형평을 고려하면 국내 모든 자격증소지자가 자격증을 활용하지 않고 있다면 박탈해야 하는 문제점, 미종사자의 구체적인 범위와 기간 등을 산정할 경우 문제점, 기존 종사자들의 이익을 우선 고려하는 정책인 점, 은퇴 후 개업을 고려하는 많은 자격증소지자들의 반발 등이 예상된다.

향후 용역결과물에 따라 여러 가지 논란은 계속 생길 것으로 이에 대해 현명한 대처방법으로 생활중개를 통한 종사자경험을 축적하는 것도 하나의 방법으로 생각된다.

홈스퀘어 생활중개 소속 공인중개사로 활동하면 경력관리도 되고 부수입도 생길 수 있으니 일석이조의 효과를 볼 수 있을 것이다.

제11절 한국공인중개사협회 유일한 법정단체화 입법발의

✎ 　한국공인중개사협회의 주도로 추진되어온 한국공인중개사협회만이 유일한 법정 단체화, 개업 시 협회 의무가입, 협회의 법정단속 권한부여를 골자로 하는 공인중개사법 개정안이 2022. 10. 4. 국회에 제출되었다.

동 법안 개정 이유를 보면 한국공인중개사협회의 설립과 협회 회원가입에 관한 사항이 임의규정이고 협회가 회원에 대하여 실질적으로 지도·관리하는 제도적 장치가 없어, 사기나 부정한 방법 등 무질서한 중개행위로 인하여 국민의 재산권 보호에 어려움이 다수 발생하여 내부의 정화작용이 힘든 상황이다. 또한, 갈수록 중개업무가 복잡다단해지고 있어 법령으로는 시의적절하게 규율하는 데 한계가 있어, 신속·정확한 단속과 개업공인중개사의 윤리인식 제고를 위해 한국공인중개사협회의 법정단체화 및 회원 의무가입과 지도·관리 기능을 강화할 필요가 있다고 제안 배경을 말하고 있다.

그러나, 직방 등 이른바, 프롭테크 업체들은 이를 두고 '제2의 타다'로 규정하며, 법안이 통과되면 이른바 반값중개, 프롭테크를 표방하는 많은 스타트업이 한국공인중개사협회의 지도, 감독권한행사로 고사할 것이라고 강력히 반발하고 있는 상황이다.

살펴보면, 현재 한국공인중개사협회는 임의단체에 불과하고, 새대한공인중개사협회라는 단체도 존재하여 유일한 협회가 아닌 점, 개업을 하려면 협회에 의무가입 해야 하는 법정구속력을 가진 독점단체 출현이 가져올 독점적 폐단, 이른바 반값중개 등 소비자의 편익을 우선하는 새로운 부동산 프롭테크사에 대한 한국공인중개사협회의 지속적인 고소고발 행태에 비추어 향후 단속권한 부여 시 발생할 부작용을 프롭테크사들은 우려하고 있다.

이는 한국공인중개사협회의 회장선거공약이기도 하거니와 협회의 지속적인 정책추진방향과도 일치하기 때문에 충분히 예상되는 일이다.

모든 것에 독점은 폐단이 발생한 다는 것을 우리는 경험치상 알고 있고, 이를 금하기 위한 독점금지방지는 글로벌 스탠다드인데 우리나라 중개산업의 건전한 발전과 부동산소비자의 이익보호와 50만 중개사의 선택권을 없애는 법안이므로 시행 시에는 많은 문제가 있다고 본다.

현재 부동산 시스템의
문제점과 시장의 변화 요구

· **1절** 부동산 거래의 4요소

· **2절** 현재 부동산중개 시스템의 문제점

· **3절** 비싼 부동산 수수료

· **4절** 매물정보 부족

· **5절** 허위매물 헛걸음

· **6절** 중개사무소 매물공유

· **7절** 중개 불친절

· **8절** 전문성 부족

· **9절** 중개사의 전문성과 신뢰성 회복

1절 부동산 거래의 4요소

IIIIIIIIIIIIIIIIIIIIIIIIIIIIIIIIIIIIIIIIIIIIIIIIIIIIIIIIIIIIIIIIIIIIIIIIIIIIIIIIIIIIIIIIIIIIIIII

▌ 부동산정보시스템

부동산 거래의 3요소는 거래 대상인 부동산, 거래할 당사자 그리고 중개사라고 할 수 있다. 더 줄여 부동산과 당사자가 합의만 있다면 중개사는 없어도 된다. 그러나, 예전에는 부동산 거래의 특성상 매물이 나왔어도 이를 공개할 방법이 마땅치 않고 흥정 절차가 필수기 때문에 중개인의 존재가 거래의 중요한 요소가 되었다.

현재도 위와 다르지 않지만 과거와 달리 인터넷이라는 공개방법이 존재하여 당사자 모두 매물에 대한 정보를 상당 부분 가지고 있고, 국가에서도 실거래가 시스템을 통해 매매정보를 제공하고 있어 누구나 열람이 가능한 상황이다. 따라서, 과거와 같은 중개사의 정보독점권은 사라져 중개사의 역할이 집 보여주는 업무로 치부당하는 시대가 되어, 집 한번 보여주고 수수료를 챙긴다는 말까지 나오고 있다.

이제는 부동산거래에 있어 각종 부동산정보시스템은 거래의 중요한 요소로 자리잡아 제4요소가 되었다 해도 과언이 아니다. 매물을 접수하였어도 광고할 부동산정보시스템, 플랫폼에 광고가 되지 않는다면 거래의 기회는 희박하기에 부동산정보시스템은 중개사에 이는 거래의 제4요소라고 할 만하다.

2절 현재 부동산중개시스템의 문제점

✎ 얼마 전 지디넷코리아에서 실시한 공인중개사 관련 설문조사를 보면 설문답변자는 아래와 같은 점이 불만 요인으로 조사되었다.

오프라인 공인중개사무소 방문 및 공인중개사와 만났을 때 경험이 만족스럽지 않았다고 응답했다. 이유는?

중개 수수료가 비싸다	38.3%
매물에 대한 정보 제공 부족	18.5%
허위 매물에 따른 헛걸음	15.5%
중개사무소 간 매물 공유	10.5%
공인중개사무소 또는 공인중개사의 불친절	8.5%
공인중개사무소 또는 공인중개사의 전문성 부족	5.8%
기타(직접 입력)	2.8%

2021년 10월 국내 아파트 가격이 폭등하여 중개수수료도 덩달아 올라갔고, 일부 수수료 구간은 임대가 매매를 역전하는 사태가 발생하여 정부가 중개보수 인하를 추진하고 있었다. 즉, 거래금액 6억~9억 구간

에서 매매(0.5%)보다 임대차(0.8%)에 더 높은 상한요율을 적용하여 중개보수 역전현상이 발생한 것이다.

예) 8억 거래 시 매매 400만 원, 임대차 640만 원(240만 원↑)

하지만, 공인중개사만으로 설문을 한 결과, 아래와 같이 '적정하다.'라고 대답하고 있다.

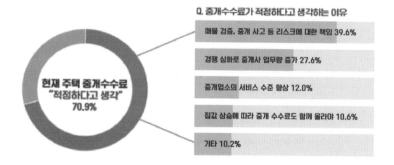

공인중개사 대상 주택 중개수수료 인식 설문조사

※ '디랑프로' 이용 공인중개사 357명 설문조사 (자료제공 : 디랑)

현재 주택 중개수수료 "적정하다고 생각" 70.9%

Q. 중개수수료가 적정하다고 생각하는 이유

매물 검증, 중개 사고 등 리스크에 대한 책임 39.6%

경쟁 심화로 중개사 업무량 증가 27.6%

중개업소의 서비스 수준 향상 12.0%

집값 상승에 따라 중개 수수료도 함께 올라야 10.6%

기타 10.2%

정부의 주택 중개수수료 개편안에 대한 입장

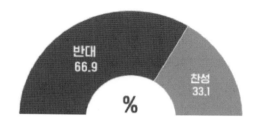

반대 66.9

찬성 33.1

%

2021년 10월 정부는 중개보수표를 개편하여 보수를 낮추었는데 흥미로운 사실은 변자들은 여전히 중개보수가 비싸다고 생각하고 있다.

얼마 전 국토부가 발표한 중개 보수 수수료 개편안에 대한 생각은?

여전히 높은 편이다	56.8%
합리적인 수준이다	34.3%
별 생각없다	5.8%
과도하게 낮아졌다	2.5%
기타(직접 입력)	0.6%

일반인과 공인중개사와의 수수료에 대한 상반된 인식 차이는 현재 국내 중개업의 문제점이 모두 내포된 불만이 수수료에 초점이 맞추어진 것으로 보인다. 그럼 일반인들이 생각하는 중개사무소 또는 공인중개사에 대한 불만은 어떤 것인가?

3절 비싼 부동산 수수료

▌ 부동산 수수료

중개의뢰를 받은 중개업자가 거래당사자 간의 부동산에 대한 거래약정을 체결시킨 것에 대한 반대급부로써 중개완성의 대가를 말하며, 이러한 중개수수료는 중개계약체결 시에 그 지급에 관한 약정을 하지 않았더라도 중개가 완성되면 받을 수 있다. (대법원 1995. 4. 21. 94다36643)

개업공인중개사는 중개업무에 관하여 중개의뢰인으로부터 소정의 보수를 받는다. 다만, 개업공인중개사의 고의 또는 과실로 인하여 중개의뢰인간의 거래행위가 무효·취소 또는 해제된 경우에는 그러하지 아니하다.

중개보수의 지급시기는 개업공인중개사와 중개의뢰인간의 약정에 따르되, 약정이 없을 때에는 중개대상물의 거래대금 지급이 완료된 날로 한다.

개업공인중개사는 중개의뢰인으로부터 제25조 제1항에 따른 중개대상물의 권리관계 등의 확인 또는 제31조에 따른 계약금 등의 반환채무 이행 보장에 소요되는 실비를 받을 수 있다

중개보수 외에 실비를 받을 수 있다고 규정하고 있지만, 현실적으로 실무상 등기부등본 등 권리관계확인 등에 소요된 비용을 의뢰인에게 청구하여 받는 경우는 없다고 봐야 한다. 금액도 소액이거니와 중개보수를 받기 위한 합의가 더 중요한 까닭이다.

현재 중개보수표는 아래와 같다. 생활중개를 하는 홈스퀘어는 반값중개를 하므로 법정수수료의 반으로 표시하였다.

▌ 현행 법정중개보수표와 홈스퀘어 중개보수

• 주택(주택의 부속토지, 주택분양권 포함)

(서울특별시 주택중개보수 등에 관한 조례 제 2조 별표1) (2021. 12. 30 시행)

거래내용	거래금액	상한요율	한도액	홈스퀘어는?
매매·교환	5천만원 미만	0.6%	25만원	0.3%
	5천만원 이상 ~ 2억원 미만	0.5%	80만원	0.25%
	2억원 이상 ~ 9억원 미만	0.4%	없음	0.2%
	9억원 이상 ~ 12억원 미만	0.5%	없음	0.25%
	12억원 이상 ~ 15억원 미만	0.6%	없음	0.3%
	15억원 이상	0.7%	없음	0.35%
임대차등 (매매·교환 이외)	5천만원 미만	0.5%	20만원	0.25%
	5천만원 이상 ~ 1억원 미만	0.4%	30만원	0.2%
	1억원 이상 ~ 6억원 미만	0.3%	없음	0.15%
	6억원 이상 ~ 12억원 미만	0.4%	없음	0.2%
	12억원 이상 ~ 15억원 미만	0.5%	없음	0.25%
	15억원 이상	0.6%	없음	0.3%

• 오피스텔

(공인중개사법 시행규칙 제20조제4항)(2015. 1. 6 시행)

적용대상	거래내용	상한요율	홈스퀘어는?
전용면적 85㎡ 이하, 일정설비 (전용입식 부엌, 전용 수세식 화장실 및 목욕시설 등)을 갖춘 경우	매매·교환	0.5%	0.25%
	임대차 등	0.4%	0.2%
위 적용대상 외의 경우	매매·교환·임대차 등	0.9% 이내 협의	0.3%

• 주택·오피스텔 외(토지, 상가 등)

(공인중개사법 시행규칙 제20조제4항)(2015. 1. 6 시행)

적용대상	상한요율	홈스퀘어는?
매매·교환·임대차 등	0.9% 이내 협의	0.45%

우리나라의 중개보수는 외국에 비해 비교적 저렴한 편이다. 그러나. 우리나라 부동산 매물이 가진 특성(아파트가 많고 구조나 평면이 같은 경우가 많다.)에 기인한 면이 있고, 미국처럼 변호사, 세무사 등 전문가들이 참여하는 구조가 아니기에 저렴하다고 하는 분도 있다.

각국의 부동산 중개수수료율 비교

국가별	기준	수수료율	비고
한국	5천만원 미만 5천만원 이상~2억원 미만 2억원 이상~6억원 미만 6억원 이상	0.6% 이하 0.5% 이하 0.4% 이하 0.9% 이하	한도액 25만원 한도액 80만원 ※주택 매매기준임
미국	중개인과 의뢰인간의 협의에 의하여 결정되나, 매도인 일방이 4~6% 지급		
일본	200만엔 이하 200만엔 초과~400만엔 이하 400만엔 초과	5% 4% 3%	건설성 고시
영국	중개인과 의뢰인간의 협의에 의하여 결정되나, 주택 매매는 1%~2% 수준임 중개계약유형에 따라 수수료를 차등부과(sole agency:1%~2%, multiple agency: 2% 이상) 하고 있음		
프랑스	7~10%		(쌍방) 관공서 규정
독일	3.333%		(쌍방) 관공서 규정

자료: 김명신 전게논문 p.32 본 연구자 보완 재구성

하지만 이런 비교에도 불구하고 일반인들의 중개사 중개보수에 대한 인식은 매우 인색하며, 심지어 집 한 번 보여주고 수수료는 수천만 원을 챙긴다는 얘기도 심심치 않게 언론에 회자되곤 한다.

과거와 같은 매물정보 독점권과 시세정보의 비대칭성으로 당사자들이 접근할 수 없던 부동산 정보를 누구나 알 수 있을 뿐만 아니라, 포화상태에 이른 부동산사무소의 과당경쟁으로 인해 부동산수수료 할인 경쟁은 이미 시작된 지 오래되어 일반소비자들도 중개수수료를 모두 지불하던 시대는 지나간 것으로 보인다. 트러스트, 다원중개, 우대빵, 집토스 등 반값중개를 모토로 업황을 개척하고 있고 다른 프롭테크들도 반값중개는 보편화 단계에 들어가고 있다.

4절 **매물정보 부족**

||||||||||||||||||||||||||||||||||||||||||

✎　　　요즈음 부동산 매물에 대한 정보를 중개사무소를 가서 문의하는 경우는 나이가 드신 세대를 제외하고는 모두가 잘 공개되어 있는 네이버, 직방 등 부동산 정보사이트를 이용하고 각종 분석적인 블로거의 글과 유튜버의 영상을 시청하지 않는 경우는 드물다. 게다가 국토부 실거래사이트, 한국부동산원 각종 통계 등 부동산 정보는 이미 넘쳐 정보의 취사 선택이 어려운 실정이다.

이런 최신정보를 접한 손님이 부동산사무소에 문의를 하는 경우 이미 많은 사전학습으로 인해 어쩌면 중개사보다 더 많은 인터넷 정보를 가지고 이를 확인하거나 인터넷에서는 알 수 없는 현장정보를 문의하는 일이 대부분이다.

예컨대, "10△동은 몇 층부터 영구조망이 나오나요?"

"준공 1년차인데 하자공사는 잘 되는가요?"

이런 구체적인 생활질문에 대해 중개사로서도 알지 못하는 경우가 있다.

그만큼 이제 손님들은 누구나 아는 정보를 원하는 것이 아니라 그 단지 정보에 능통한 중개사에게 문의를 하는 것이고, 질문도 이처럼 생활밀착적인 질문, 살아보지 않으면 알 수 없는 대답들을 원하고 있다. 이런 질문에 막힘 없는 답변은 중개사의 신뢰를 더하게 됨은 물론이거니와 거래성사에도 반드시 도움이 된다.

<u>인터넷에서 알 수 없는 생활밀착형 매물정보</u>

- 전망 배치
- 구조 설명
- 확장타입
- 주차 사정
- 유치원 등 학군배정
- 분리수거
- 재활용
- 관리비 정보
- 커뮤니티 정보
- 체육시설 정보
- 재건축 진행 정보
- 리모델링 진행 정보
- 장터 정보
- 병원 정보
- 상가 정보
- 기타 생활 정보

위와 같은 정보는 부동산정보사이트에서는 찾을 수 없거나 단편적인 정보 수집만 가능한 정보들이다. 중개사는 이런 생활정보를 모두 알고 있어야 하며, 내가 중요하지 않다고 생각하는 오류에서 벗어나 고객이 질문하는 것이 무엇인지 메모하여 알아두고, 다음 기회에는 좋은 답변이 되도록 하면 좋겠다.

5절 **허위매물 헛걸음**

IIIIIIIIIIIIIIIIIIIIIIIIIIIIIIIIIIIIIIIIIIIIIIIIIIIIII

✎　유명 부동산매물정보사이트에 있는 매물의 90% 허위라는 극단적인 얘기가 있다. 이는 현업에 있는 중개사들은 수긍할 것인데 이유는 이렇다.

예를 들어, 단지 내 부동산이 5군데 있다고 가정하에 의뢰인이 매물을 내놓는 경우 5곳 부동산사무소 모두를 방문하여 낼 수도 있고, 1~2군데는 방문으로 나머지는 전화로, 또는 2~3군데만 낼 수도 있고 단골부동산 한 곳에만 낼 수도 있을 것이다. 이렇게 다양한 경우에 수가 존재하므로 오늘날 부동산은 정말 전속부동산이 아닌 이상 자기가 독점적으로 매물을 접수하였다고 자기 매물이라는 착각을 하면 안 된다.

대부분은 자기매물이지만 공동매물이기에 손님에게 누가 먼저 그 집을 보여주느냐가 거래의 성패를 좌우하는 중개보다 광고를 잘해야 한다. 즉, 우리 부동산사무소에 먼저 전화가 오도록 매물을 등록하여야 한다. 그러다 보니, 다른 매물과 함께 진열이 된다면 눈에 띄기 어렵고 여러 가지 편법이 난무하는 것이 현실이 된다. 동일한 물건인데도 의뢰인 가격을 임의로 낮게 하여 노출상단에 위치하게 만든 다거나, 매물과 관계 없는 비슷한 사이즈지만 보정된 사진으로 눈길을 사로잡는 등 이른바, 허위매물이 발생하는 것이다.

일단, 중개사끼리 경쟁하다 보니 만약에 자기만의 매물을 정직하게 등재(예컨대, 층수를 공개)할 경우 노련한 경쟁자의 경우 동은 동호수를 바로 알아내어 자기매물로 만들어 버리는 바람에 층수를 다른 층으로 기재

한다든지 아예 중층 같은 식으로 매물을 등록하는 것이다.

동일매물을 묶어버리기 기능을 사용하면 10여 개의 물건도 1개로 줄어들고, 기능을 사용하지 않으면 1개 물건인데 10여 개의 부동산사무소에서 모두 자기 물건인 듯 등재하여 이른바, 물건도 없이 손님을 먼저 맡아서 공동중개를 의뢰하는 것이 현실이다. 그만큼 매물을 수집하는 일이 쉽지 않고 전속매물이라고 접수 된 것도 불과 몇 시간 만에 동네 매물이 되는 경우가 비일비재한 것은 경쟁이 너무 심한 중개업의 현실이기 때문이고, 경쟁에서 이기려 하니 허위매물이라는 각종 편법이 난무하고 있는 것이다.

요즘 MZ세대들은 허위매물에 대해 매우 부정적인 이미지를 가지고 있고 신고정신도 투철하여 허위매물 신고로 중개사들이 과태료를 물기도 하지만, 여전히 일단 손님을 중개사무소로 유인하기 위한 허위매물의 유혹은 여전한 것으로 보인다. 생활중개는 원천적으로 소유자로부터 진성매물만을 접수하므로 허위매물로 인한 부작용이 없는 구조에 대해서는 후술하기로 한다.

6절 중개사무소매물공유

✎ 부동산사무소는 자기매물을 몇 개정도 가지고 있을까? 여기서 자기매물이라 함은 의뢰인으로부터 직접 접수한 매물을 말한다(그 매물이 옆집에도 중개의뢰를 한 경우라도). 통상 부동산사무소가 가지

고 있는 자기매물은 5~10개 정도라고 한다. 그러나 이는 막연한 추정에 불과하다. 매물은 수시로 변하기 때문에 특정 시점에 얼마인지는 사실 알 수 없다. 네이버부동산 등 포털에 게시된 물건을 가지고 계산한다고 하여도 네이버에 올리지 않은 물건의 개수가 제외되므로 이 또한 부정확하다.

단지 내 부동산은 동일한 물건을 모두 가지고 있거나 설령 없더라도 공동중개가 아닌 단독중개(양타)는 많지 않은 실정이다. 대부분 물건과 손님을 공유하여 신속한 거래를 목표로 하기 때문이다. 혹시 나에게만 가지고 있다는 물건이기에 손님이 오기만을 기다린다 거나 손님이 찾는 물건을 나에게 없어도 다른 중개사무소 물건을 공동중개하지 않고 매물이 접수 되기 까지 기다린다는 생각은 현재 중개사무소의 실정에서는 비현실적이다. 이유는 너무나 많은 중개사무소들이 경쟁하기 때문에 나의 전속매물이 온전히 단독중개까지 가는 시간을 기다려주지 않기 때문이다.

오늘날 중개사무소는 한 장의 계약서라도 먼저 쓰기 위해서는 매일 점심 먹고 차 한잔하는 친한 중개사보다도 계약이 먼저 이루어질 가능성이 있는 중개사와 바로 접속이 되고 은밀하게 일이 진행되는 그런 곳이다. 공동중개는 선택이 아닌 필수다 보니 매물공유 역시 자연스러운 일이다.

그러나 정말 예쁜(팔리기 좋은) 매물을 접수하였을 경우 다른 중개사에게도 없다는 판단이 들고 손님이 대기하는 단지라면 당연히 단독매물로 양타를 먼저 노리는 것이 일반적일 것이다. 그러나, 이것도 일정기간이

지나도 손님이 없다면 물건을 공유하는 것이 좋다는 판단이 들것이다. 잘못하면 지역 내 안 좋은 부동산 이미지로 남을 수 있기에 적정한 시점이 오면 자연스럽게 공동매물로 들어가는 것이다.

생활중개시스템은 소유자가 직접 매물을 등록하고 이 매물은 생활중개시스템에 공개되어 있지만, 그 매물을 계약(취급)하는 중개사는 전담중개사 1인에게 있으므로 매물도 없이 손님부터 오라고 하는 중개사무소와는 확연히 다르다.

매물을 공유하는 중개사무소는 언제든지 매물을 거두어 들이거나 막상 임장 시에 가격을 변동시키는 불확실한 사정변경이 일어나기도 하지만 생활중개시스템은 이런 일은 거의 발생하지 않는다.

7절 중개 불친절

명색이 중개업도 서비스업 중에 하나인데 불친절해서야 영업이 되겠는가 하는 생각이 드는데 막상 설문조사에서 중개불친절이 의외로 많다니 무슨 이야기일까?

부동산사무소에 앉아 있다 보면 하루에 수십 명의 손님 아닌 손님들이 사무실에 들어오곤 한다. 일단, 길을 물어보는 사람이 반 이상이다. 그 다음에는 그냥 심심해서 들리는 사람이 반이다. 커피라도 한 잔 타 주기에 여름에 에어컨 바람 쐬러 오는 사람도 여럿 있다.

자칭 큰손이라는 손님도 있는데 거의 일주일에 한 번 정도 와서 마치 큰 건물을 살 것처럼 장황하게 딸 자랑, 아들 자랑 하다가 점심이 되면 마치 식사라도 대접할 뉘앙스로 식당에 가서 마침 지갑을 안 가지고 온 자칭 큰손들도 있다. 초보 중개사들은 밥도 사고 술도 사주다가 다른 중개사들에게도 밥 얻어 먹는 손님임을 알게 되는 씁쓸한 경험을 하게 된다. 이러다 보니 점점 손님을 가리게 되고 과연 이 손님이 진성인지 놀러 온 건지 상대를 먼저 파악하는 습관이 몸에 배기 마련이다. 그러다 보니 진성손님에게도 안 살 거면 가라는 식의 퉁명스러운 점포주인처럼 나도 모르게 언행에서 묻어나고 손님들은 이 부분을 금방 알아채기 마련인 것이다. "거 참 불친절한 부동산이네." 하며 말이다.

단지 내 부동산은 주민들과 관계가 있고 누가 누구인지 아는 사이이므로 친절하기 이를 데 없지만 외지에서 전화로 시세만 묻는 것이 아니라 아주 세밀한 부분까지 꼬치꼬치 묻는 손님에게는 자연스럽게 와서 얘기하라고 전화를 클로징하고는 한다. 어쩌면 부동산도 정보영업이므로 모든 정보를 오픈하는 것이 능사가 아니고 손님과의 대화 중에 손님이 궁금한 점을 최대한 친절하게 얘기는 해줄 수 있다고 본다. 다만, 손님을 내 앞에 앉게 하는 능력은 각자의 능력 차이일 수 있지만 불친절한 중개사 앞에 앉을 손님은 단연코 없다는 점에서 친절하되 좋은 정보는 아껴서 주는 요령이 있는 중개사가 되어야 한다.

참고로, 전화상담은 길게 하는 것을 권하지 않는다. 가급적 손님이 말하는 요구사항(핵심)을 파악하면 곧 바로 그에 맞는 물건이 있다거나 물건을 찾아 놓을 테니 오늘 또는 내일이라도 나오시면 되겠다고 클로징을 해야 한다. 반드시 약속을 잡아야 하고 약속을 바로 잡지 못하더라도(요구사항을 충족시킬 수 없다면) 반드시 연락 바로 드린다고 고지를 하고 클로징을 하여야 한다.

그러기 위해서는 항상 출발이 가능한 물건을 출근하면 체크하는 루틴을 가지고 있어야 한다. 자, 오늘 손님이 온다면 출발시킬 매물은 어떤 게 있는가? 매일 매일 체크해야만 하는 루틴이 중개업무의 시작이다.

8절 전문성 부족

▌ 일 만 시간의 법칙

어떤 분야의 전문가가 되기 위해서는 최소한 1만 시간 정도의 훈련이 필요하다는 법칙이다. 1만 시간은 매일 3시간씩 훈련할 경우 약 10년, 하루 10시간씩 투자할 경우 3년이 걸린다.

'1만 시간의 법칙'은 1993년 미국 콜로라도 대학교의 심리학자 앤더스 에릭슨(K. Anders Ericsson)이 발표한 논문에서 처음 등장한 개념이다. 세계적인 바이올린 연주자와 아마추어 연주자 간 실력 차이는 대부분 연주 시간에서 비롯된 것이며, 우수 집단은 연습 시간이 1만 시간 이상이었다는 주장이다.

부동산 전문가의 경우에는 어떠할까? 통상 공인중개사 합격을 위한 준비 기간이 얼마나 되는지 설문에서 합격자의 50%는 1년 정도 준비하였다는 조사 결과가 있다. 하루에 12~13시간 정도 수험공부를 하였다면 대략 5천 시간을 공부한 셈이다. 그러나, 이론과 실무는 엄연히 다른 법이니 공인중개사사무소를 3년은 운영하여야 어느 정도 경험치가 쌓였다고 볼 수 있다.

하지만 부동산은 그 분야가 매우 광범위하고 분야마다 매우 전문적인 법규와 실무지식이 필요한 분야이기에 가령 아파트 3년, 상가 3년, 토지 3년 이런 식으로 물건마다 시간을 투자한다면 아마도 평생 시간이 모자랄 게 분명하다.

▌ 선택과 집중

주식전문가들인 이른바 애널리스트들도 자기만의 전문 분야를 가지고 기업을 분석하고 있다. 전기, 전자, 바이오 등 전통적인 업종에서부터 인공지능, 메타버스, 블록체인 등 비슷한 업종 내에서도 분야마다 각 전문 분야를 선택하여 집중하고 있다.

부동산의 경우에도 그냥 아파트가 아니라 재건축아파트, 그냥 상가가 아니라 편의점 전문, 그냥 토지가 아니라 바닷가 토지같이 물건 종류 내에서도 더 세분화된 영역을 선택하여 집중적으로 전문 지식을 가지고 중개를 하는 중개사들이 출현하고 있고, 소비자는 이런 중개사에게 전문지식이 있다고 생각한다.

▌ 매물광고도 전문적으로

이렇듯 매물에 대한 전문지식을 가지고 중개를 하고 있는 중개사가 있는 반면에, 중개는 광고라는 슬로건 아래 매물사진을 잘 찍기 위해 어떤 카메라를 사용해야 하는지 정도는 그렇다 해도, 광고를 잘하기 위해 사진 잘 찍는 법, 사진 편집하는 법, 동영상 편집 기술들을 배우고 심지어 직원채용 시에 이런 기술이 있는 직원을 채용하여 광고작업을 하는 중개사무소도 있는 실정이다. 실제로 소비자들은 선명한 사진, 넓게 보이는 내부 사진들을 보면서 그런 사진을 등록한 중개사무소에 먼저 연락을 하고 있는 것이 현실이다.

인터넷에 광고하는 매물사진과 실제매물이 다른 것은 광각렌즈로 방을 넓게 보이게 하는 등 일단 손님의 이목을 끌어 먼저 집을 보여주는 데에 거래의 성패가 좌우되는 일이 현실이 되었다.

내가 가진 상품을 좀 더 눈에 띄게 하려는 심정은 이해가 가지만 과장되고 실제와 맞지 않는 사진을 보고 임장하러 온 소비자들이 현실에서 느끼는 괴리감에 실망으로 이어지면 중개사 불신으로 이어질 수 있다는 점도 고려하여 적정한 광고가 필요하며 매물에 대한 전문적인 분석을 영상에 추가한다면 금상첨화가 될 것이다.

9절 중개사의 전문성과 신뢰성 회복

✎ 우리가 부동산사무소를 방문했을 때 만족스러운 경험이란 어떤 것일까?

일단 진성매물에 대해 충분히 전문적인 정보제공을 통해 좋은 가격에 거래하고 심지어 부동산 수수료도 저렴하다. 이런 것들이 충족된 거래 경험이라고 할 수 있을 것이다. 그러나, 현재 우리나라 중개 현실에서는 실현되기 어려운 구조적인 문제를 안고 있다.

첫째는 가장 문제인 중개수수료 문제인데 현재 중개사들은 치열한 경쟁 속에 거래건수도 적기 때문에 중개수수료를 할인하면 사실상 적자이기에 낮출 수 없는 것이 현실이다. 만일, 나만 중개수수료를 낮춘다고 해서 손님들이 많이 올 것 같지만 이내 단지 내 다른 부동산으로부터 이른바 왕따를 당하기에 매물 공유는커녕 공동중개도 생각지도 못하게 된다. 사실 중개수수료를 다 받지 않지만 미리부터 반값 중개 등을 광고하면 사실상 그 지역에서 중개는 포기하여야 한다.

이 문제는 개인공인중개사보다는 반값중개내지 수수료할인 정책을 가지고 있는 프롭테크회사를 통하는 수수료인하정책이 시장점유를 확대해 나갈 것이다. 다른 서비스가 그만그만하다면 소비자는 수수료라도 저렴한 중개사무소를 이용하기 때문에 중개사무소의 불만을 낮은 수수료에서 보상받으려는 심리도 작용할 것이다.

둘째는 허위매물과 공동매물문제이다. 앞서도 언급한 바 있지만 진성매물을 가지고 있어도 몇 개 없기도 하지만 광고에는 다른 중개사무소에 내 물건을 노출하는 것을 피하고자 일부러 동이나 층을 달리 광고하는 것이 일반적이다. 아무튼 이런 구조적인 불신 때문에 부동산정보 사이트 매물은 사실상 한 단계 들어가 봐야 진성매물이 나오는 것이다. 이 문제 또한 현재 우리나라 중개시장의 구조적인 문제로 인해 필연적으로 허위 아닌 허위매물이 광고되는 실정이다.

이 문제를 해결하는 키워드는 매물을 중개사가 독점 관리하는 중개 사중심시스템에서 고객과 함께 관리하는 고객중심시스템이 해결책이 될 수 있다. 현재는 매물을 접수하고 등록, 광고, 내리는 업무를 모두 중개사의 판단에 따라 하고 있어 사실상 고객의 의사와 무관하게 물건이 시장에 나오는 구조이다 보니 중개사가 가격부터 동, 층을 모두 임의 대로 입력하고 이를 그대로 광고하는 과정에서 허위매물, 과장, 과대매 물이 발생하는 것이다.

만일, 고객이 스스로 매물을 등록하고 내리는 과정을 직접 관장하게 되면 허위매물, 과장, 과대매물은 상당부분 해소 될 것이다. 물론, 고객들도 자신의 매물을 빠르게 거래하기 위해 사진보정을 하는 등의 이미 지업을 시도하겠지만, 그보다 빠른 거래의 핵심은 가격에 있으므로 고객 스스로 가격의 결정권을 행사하여 수시로 수정하는 작업을 통해 바른 거래목적을 달성할 것이다.

셋째는 전문성 부족과 정보제공 부족 문제이다. 개업공인중개사는 실무교육 28시간을 수료하면 곧바로 개업을 할 수 있는데 이는 감정평가 사, 법무사 등 다른 전문자격증에 비하면 개업 장벽이 너무 낮다는 지적이 있다. 다라서, 정부에서도 실무교육의 교육시간이 낮은 수준임을 인지하고 있으며, 중개매물별 전문교육을 통한 전문성관리 및 신뢰성 제고를 위해 노력이 필요하다는 입장이다.

구분	실무교육(사전교육)	연수교육	사무직원 직무교육
공인중개사	· 개설 등록 교육: 28시간	12시간 (2년 마다)	4시간 (중개보조원)
감정평가사	· 1년 · 교육훈련 6개월, 실무훈련 6개월	15시간 (매년)	40시간 (사무직원)
법무사	· 이론: 3주 · 실무수습: 9주 이상		

앞으로는 재건축아파트전문중개사, 편의점 상가 전문 중개사 등 물건 종류에서도 더 깊은 영역으로 특화된 중개사들이 출현하여 보다 전문 지식으로 고객을 맞이할 것이다. 어느 분야나 이제는 그 분야에서도 특정 분야는 누구보다 잘 아는 이른바 T 자형 인재가 되어야 인정받는 시대가 온다.

새로운 부동산플랫폼
홈스퀘어?

· 1절 부동산플랫폼의 종류

· 2절 생활중개플랫폼(홈스퀘어)의 특징

· 3절 생활중개시스템

· 4절 소유자 직접등록

· 5절 전자계약

· 6절 반값중개

· 7절 반값등기

· 8절 전속중개

1절 부동산 플랫폼의 종류

▌ 네이버 부동산 이전 플랫폼과 이후 플랫폼

부동산플랫폼을 부동산에 관련된 모든 정보와 매물의 집합체로 정의한다면 직방이나 다방 등, 지금의 플랫폼 이전부터 부동산 정보와 매물 정보를 공급하여 오던 부동산114, 부동산 서브, 닥터아파트 등 이름만 들어도 알 만한 부동산정보 제공업체를 부동산플랫폼 1세대라고 할 수 있다. 그러나, 오늘날에 1세대 플랫폼은 2세대 부동산 플랫폼이라고 할 수 있는 네이버 부동산에 매물을 등록하기 위한 중간역할로써 제휴업체가 되었다. 중개사무소가 네이버 부동산에 매물정보를 등록/수정하려면 각 제휴 정보업체에 가입하여야 하며 개인은 매물은 직접 등록할 수 없다.

※ 네이버 부동산 제휴사(가나다순)

공실 클럽, 교차로 부동산, 닥터아파트, 룸앤 스페이스, 매경부동산, 보는 부동산, 부동산 114, 부동산 렛츠, 부동산뱅크, 부동산서브, 부동산 포스, 산업 부동산, 선방, 스피드 공실, 알 터, 울산 교차로, 조인스랜드, 천안 교차로, 텐컴즈, 피터팬의 좋은 방 구하기, 한경 부동산

네이버는 제휴업체를 통하여 1차검증된 매물을 등록하게 함으로써, 정보의 질과 양을 동시에 만족하는 시스템을 만들어 일거에 부동산 정보시장을 장악하였다. 그 과정에서 네이버가 가진 막강한 자금력과 네

트워크의 힘으로 군소 부동산 정보업체는 모두 네이버 제휴업체로서 기능을 수행하고 대가로 안정된 수익이 제공되었다.

과거에는 부동산플랫폼이 중개사뿐 아니라 당사자가 직접 매물을 올리는 기능이 있었으나 현재 그러한 시스템을 가지고 있는 곳은 피터팬의 내 집 구하기 정도의 원룸, 투룸 시장 정도이고, 아파트를 비롯한 고가의 매물은 사실상 중개사만이 물건을 올리는 시스템이 되었고, 그 중심에 네이버 부동산이 중개사중심시스템을 채택의 영향이 절대적이라고 할 수 있다.

네이버가 아파트 등 시장을 석권해 나갈 때, 이른바 제3세대 플랫폼인 직방이 원룸, 투룸을 중심으로 한 플랫폼을 시장에 내고 네티즌 위주로 공략하여 원룸, 투룸 시장을 선도하였다. 하지만 직방 10년 동안 부동산매물광고 시장의 한계에 봉착하여 이른바 디지털중개사라는 온택트파트너스 서비스라는 중개시장에 진출하는 방안을 발표하였다가 중개사 회원들의 격렬한 반대에 부딪혀 사업을 접고(청년사관학교라는 이름으로 직접중개를 계속 추진하는 것으로 추정) 현재는 메타버스를 활용한 미래성장동력을 확보하고자 애를 쓰는 상황이다.

네이버 부동산에 이어 직방, 다방 등이 출현하여 부동산플랫폼을 안분하고 있을 무렵에 집토스, 우대빵은 부동산 중개수수료 반값을 무기로 공인중개사를 직고용 또는 가맹점으로 하여 직접중개시장에 진출하고 다원중개는 매물정보를 무상공유 하는 전략으로 소유자가 매물 내놓을 시 수수료0원 정책으로 활성 이용자 수를 대폭 늘리는 데 성공하여 시장에 안착하고 있다. 그러나 이들은 엄밀하게 부동산플랫폼이 아니라 부동산 중개법인이고, 오히려 다원중개가 소유자 중개료 0원정책, 매물공유시스템으로 부동산플랫폼으로 새로운 영역을 개척하고 있다.

현재 부동산플랫폼이 공통적으로 겪는 매출부진은 부동산플랫폼의 주수입원인 광고시장이 사실상 광고할 만한 사람은 다하고 있는 포화상태이고, 앞으로도 부동산 경기침체로 인해 광고시장도 불황을 면치 못할 것이다. 직방 등 플랫폼의 매출이 최근 수년간 침체를 벗지 못하는 이유는 이미 플랫폼으로써의 부동산 광고시장은 사업의 사이클상 성숙기를 지난 것으로 본다.

보통 시장에 공개된 모든 재화 및 용역은 PLC(Product Life Cycle, 상품생명주기)에 의해 일정한 주기를 보이는데 이를 두고 흔히들 상품의 생로병사라 칭한다. 대개 이때 그려지는 커브는 러닝 커브(Learning Curve), 즉 도입기에는 보통 제품의 생사를 가늠하게 되고, 성장기에는 제품의 수요가 시장에서 폭발적으로 증가하게 되며, 이후 한정기에는 큰 성장은 없지만 제품의 수요가 한계까지 천천히 성장하다가 침체기에 들어서는 점차 쇠퇴하고 그 수요층은 대체품이나 여타 외부요인에 의해서 옮겨가게 된다.

〈출처: 나무위키 레드오션 중 발췌〉

과거 1세대 부동산플랫폼이 부동산광고시장을 나누어 가지고 있을 때 한정된 시장규모에서 다양한 경쟁자들이 시장을 나누어 가지는 상황에서 제로섬 게임 양상으로 전개되었다. 이런 레드오션 시장은 모종의 카르텔이 형성되어 시장을 독과점형태로 지배하여 자정능력을 상실

하는 부작용이 나타날 수 있는데, 이때 거대한 자본력과 정보력에 신뢰까지 갖춘 대형기업이 출현하면 일시에 소비자들의 지지를 얻을 수 잇다. 바로 이런 이유로 네이버 부동산이 출현하여 시장을 석권하였다고 볼 수 있다.

이후 3세대 플랫폼인 직방, 다방 등은 원룸, 투룸이란 틈새시장을 공략하여 시장에 안착하였고 부동산플랫폼의 미래를 기대한 투자자들의 관심을 모으며 거금을 투자받았지만, 아직 이렇다 할 혁신서비스는 나오지 않고 있으나 직방은 메타버스, 다방은 전자계약을 이용한 전략이 얼마나 시장에서 주효할지는 지켜봐야 할 지점이다.

한편 국토부실거래가 플랫폼, 호갱노노, 부동산지인 등 부동산정보보다는 실제거래가격, 거래건수 등 실제 정보를 위주로 정보를 제공하는 플랫폼이 기존의 매물정보플랫폼의 부정확성을 커버하며 소비자의 선택을 받고 있는데, 요즈음은 누구나 실거래 정보를 참조하며 기존 플랫폼에서도 실거래 정보 등을 매물정보에 부가하여 제공하고 있다. 이를 제4세대 부동산 플랫폼이라고 할 수 있다.

이러한 시장에서 새로운 플랫폼을 시장에 선보인 홈스퀘어는 기존의 부동산플랫폼과 전혀 다른 혁신적인 시스템을 시장에 출시하고 있는데, 이른바 제5세대 부동산플랫폼이라고 말할 수 있다. 이에 대해서 자세히 알아보기로 한다.

세 대	주요내용	업 체
1세대	· 매물정보(중개사, 소유자), · 부동산종합정보	· 부동산114, 닥터아파트 · 부동산서브, 부동산뱅크
2세대	· 매물정보(중개사), · 부동산종합정보	· 네이버 부동산
3세대	· 매물정보(중개사)	· 직방, 다방
4세대	· 부동산시세 정보	· 국토부실거래가, 호갱노노, 디스코
5세대	· 매물정보(중개사, 소유자), · 생활공인중개사	· 홈스퀘어

홈스퀘어의 특징은 매물등록을 중개사만이 하는 것이 아니라 소유자가 입력하고 전속 중개사가 배정되는 시스템으로 소유자가 직접 입력하므로 매물수집비용이 절감되므로 전속중개사는 중개보수를 반만 받아도 되는 시스템이 특징이다. 또한, 전속중개사의 경우 생활중개사라고 하는 단지 내 거주하는 중개사가 직접 배정되어 매물에 대한 안내를 함으로써, 물건에 대한 경험에서 나오는 매물안내와 설명으로 신뢰감을 배가하고 있다.

2절 **생활중개플랫폼**(홈스퀘어)**의 특징**

✎ 홈스퀘어 홈페이지를 보면 홈스퀘어 특장점을 아래와 같이 설명하고 있다.

"홈스퀘어는
기존 부동산광고플랫폼이 아닙니다.
고객이 매물을 직접 등록하는 생활중개 플랫폼입니다."

"홈스퀘어는 제5세대 혁신중개플랫폼 입니다.
우리는 부동산거래를 생활공인중개사와 함께하고 있습니다."

홈스퀘어 플랫폼의 주요 특징을 살펴보면 아래와 같다.

1. 생활중개플랫폼

홈스퀘어는 해당매물 단지에 거주하는 생활공인중개사가 안내하고 계약합니다.

단지거주 중개사가 안내하기에 매물정보를 안심하고 신뢰할 수 있습니다.

✔ 향후 같은 입주민이 될 수도 있기에 진심 정보만을 제공합니다.

2. 매물직접등록시스템

현재 거의 모든 중개사이트는 중개사만이 매물을 등록하고 수정합니다. 홈스퀘어는 유저(매도인과 매수인)가 직접 등록하고 수시로 수정이 가능합니다.

✔ 매도인이 직접 등록하고 수정하므로 허위매물이 없습니다.

3. 전자계약시스템

계약 당일 시간의 촉박함, 인감증명 등 준비물이 필요한 종이계약이 현실입니다.

국토부 전자계약시스템으로 여유 있게 계약내용을 검토할 수 있으며, 인감도장, 인감증명이 필요 없습니다.

✔ 실거래신고, 확정일자, 임대차신고가 자동으로 처리됩니다.

4. 온라인중개시스템

수차례 현장방문, 허위매물로 인한 시간낭비가 일상이 된 현재 중개시스템 소유자가 직접 등록한 영상과 사진으로 확인 후, 소유자확인 방문시스템.

✔ 소유자의 동의 하에 비대면 원격 도어락 오픈하우스 방문시스템 도입 예정입니다.

5. 반값중개, 반값등기

과다한 부동산수수료에 대한 국민적 불만상태 중개수수료 반값과 함께 법무사 등기보수 수수료도 반값 실현

✔ 생활중개시스템으로 인한 경비절감으로 반값중개가 가능합니다.

6. 외국인 전용서비스

✅ 글로벌인재 상시 근무로 외국인중개서비스 가능합니다.

7. 1물건 1중개사 시스템

한 개의 물건을 다수 중개사에게 의뢰하니 중개사는 자기성과를 위해 경쟁적인 광고에 매진합니다. 홈스퀘어중개사는 소유자 실매물을 전담 의뢰받아 소유자의 의사를 100% 반영하여 허위매물을 원천방지합니다.

✅ 소유자 직접입력 관리 수정 공개 비공개 등 소유자 판단으로 허위매물이 없습니다.

8. 종합부동산서비스

단순, 일회성 중개, 사후관리 없는 중개, 후속서비스부 재중개시스템이 아닌 중개업무 외에 금융, 세무, 이사, 청소, 수리, 인테리어 등 종합부동산서비스 시스템

✅ 국토부 인정 종합부동산서비스시스템 구축하여 서비스 확대 예정입니다.

이런 특장점을 내세우고 있는데 가장 눈에 띄는 것이 전혀 새로운 개념인 생활중개시스템이라고 할 수 있다. 홈스퀘어는 생활중개 모집을 하자마자 불과 한 달 만에 280명이 생활중개를 지원하였으며, 매주 본사 교육으로 모자라 강연장을 빌려 공개설명회를 개최하는 등 실로 센세이션을 불러 일으키고 있는 새로운 중개시스템이라고 할 수 있다.

3절 **생활중개시스템**

　　🖋　홈스퀘어 플랫폼의 가장 큰 특징은 생활중개사와 파트너중개사의 분업시스템이다. 이는 기존의 중개사무소와 가장 차이가 나는 시스템으로, 집 보여주기 업무를 해당 물건 실거주자인 중개사가 수행하고 계약 등 업무는 파트너중개사가 맡아서 하는 시스템이다. 즉, 우리나라 장롱면허 공인중개사 약 38만 명 중 아파트 실거주자들이 개업을 하거나 취업을 하지는 못해도 생활하면서 간단한 집 보여주기 업무를 담당함으로써, 전문성과 경제성을 살린 획기적인 시스템이다.

　생활중개시스템에 관한 상세한 내용을 장을 달리하여 설명하기로 하고 생활중개를 지원하고자 하는 사람은 홈스퀘어 홈페이지에서 간단히 신청할 수 있다.

4절 **소유자 직접등록**

　　🖋　현재 우리나라 중개시스템에서 부동산플랫폼에 매물을 등록할 수 있는 사람은 개업공인중개사에 한한다. 즉, 공인중개사 중에서도 개업한 공인중개사가 아니면 매물등록을 할 수 없고 개인은 직접 매물을 등록할 수 없도록 했다. 제1세대 부동산플랫폼은 직접등록이 일부 가능했지만 이제는 소유자가 올릴수 있는 플랫폼은 원룸, 투룸 거래가 중심인 피터팬의 나의 집 구하기 정도이다.

소유자로 하여금 매물을 직접 등록하게 하면 장단점이 무엇일까?

▌ 장점

- 소유자 스스로 등록하는 물건이므로 허위매물이 없고 대부분 진성 매물이다.
- 매물에 대한 정확한 정보를 가지고 있으므로 제공정보가 신뢰도가 있다.
- 소유자와 직거래가 가능하다.
- 소유자와 다이렉트로 소통하므로 조건협상이 용이하여 거래속도가 빠를 수 있다.
- 물건의 등록과 철회가 자유롭다.
- 매매조건을 실시간 수정 가능하다.

▌ 단점

- 중개자가 없는 관계로 매물광고가 용이하지 않다.
- 매물정보가 허위일 경우 견제장치가 없다.
- 중개자가 없는 관계로 조건협상을 아예 안 되는 경우가 있다.
- 매매조건을 실시간 변경하기 곤란하다.
- 시세를 파악하기 힘들어 매매가를 정하기 곤란하다.

소유자가 매물을 등록하는 시스템은 장점과 단점이 공존한다. 장점은 살리고 단점을 보완하는 방법은 소유자가 올린 매물(매물 수정, 철회도 언제든지 가능하다.)에 중개사가 배정되어 단점을 보완하는 시스템이다. 이는 현재 홈스퀘어가 하고 있는 방법으로 소유자가 매물을 등록함과 동시에 공인중개사가 즉시 배정되어 현재 부동산 인터넷광고 규정에 맞도록 소유자와 협의를 한 후 네이버 등 광고플랫폼에 매물을 등록시켜주는 시스템이다.

이처럼 홈스퀘어는 과거 중개사 중심의 중개시스템에서 고객이 중심이 되는 시스템을 채용하고 중개사는 거래의 보조역할을 하여 소유자의 의사가 100% 반영되고 일명 가두리라는 고질적인 병폐도 없어지는 시스템으로 정착되고 있다.

가두리란 중개사가 매물을 가두어 놓고 본인의 판단에 따라 순서를 정하여 광고하거나 시세를 일정 틀 안에 가두어 놓고 거래를 주선하는 방법으로, 전형적인 중개사중심 중개시스템의 대표 부작용 중 하나다. 이는 소유자의 의사와는 전혀 무관하게 오직 중개사가 거래를 쉽고 많이 하기 위하여 가격과 건수를 조절하는 행태를 말한다.

부동산은 주식과 같이 완전한 가격정보가 공개되는 시스템이 아니라 전형적인 정보 비대칭시장으로 오직 중개사만이 정보를 독점하는 구조이기에 사실상 자유시장원칙에 위배되는 중개시스템을 가지고 있는 실정이다. 그러나 부동산플랫폼의 등장으로 부동사정보가 중개사 독점에서 일부 벗어난 듯하지만 여전히 중개사만이 매물등록권한을 가지고 있는 구조라서 소유자가 직접 시장에 참여하지 못하고 자신의 매물이 다른 이들의 판단에 놓여있어 비대칭은 오히려 심해진 면이 있다.

부동산정보 비대칭을 해소하기 위해서는 부동산 소비자가 스스로 매물을 관리할 수 있는 시스템이어야 하며 중개사가 주관적으로 가격을 통제하는 것을 막아야만 정보왜곡을 막을 수 있다. 이런 시스템을 가진 홈스퀘어는 소비자중심 플랫폼이며 소유자중심 플랫폼인 것이다.

5절 **전자계약**

   🖉 부동산전자계약은 과거 종이계약에 의존하던 것에서 첨단기술 발달로 인하여 전자적 방법에 의해 부동산 계약을 하는 것을 말하며, 국토부부 동산거래전자계약과 민간전자계약 솔루션을 활용한 전자계약으로 나눌 수 있는 데 우선 국토부 부동산 거래전자계약시스템을 먼저 설명한다.

📑 국토부 부동산거래 전자계약

국토부부동산 전자계약은 2016년 8월 편리성, 경제성, 안정성을 모토로 서울시 시범사업으로 시작하였으며, 부동산 거래를 종이계약서 대신 온라인 전자방식으로 계약하는 시스템이다. 이후 1년 뒤인 2017년 8월 1일부터 전국적으로 확대 시행하면서 공인중개사협회와 업무협약을 체결하고 한국토지주택공사 등 공기관 계약도 전자계약에 동참시키는 등 보급확대에 노력하여 왔다

정부가 만들다 보니 첨단 ICT기술과 접목, 공동인증·전자서명, 부인방지 기술을 적용하여 종이·인감 없이도 온라인 서명으로 부동산 전자

계약 체결, 실거래신고 및 확정일자 부여 자동화, 거래계약서·확인설명서 등 계약서류를 공인된 문서보관센터에 보관하는 전자적 방식(공동인증 등)의 부동산거래 계약서 작성 및 체결 시스템으로 보안이나 연계하는 각종 동산신고의무가 자동으로 진행되는 편리함이 있다.

전자계약절차

그러나 5년이 지난 현재까지도 국토부 전자계약은 사용이 불편할 뿐 아니라 시스템 또한 불안정하여 사실상 중개사들로부터 외면받고 있는 실정이다. 실제 국토부 전자계약을 사용해본 많은 중개사들은 그 불편함에 도저히 사용할 수 없는 프로그램으로 생각하고 있다. 정부는 이 프로그램으로 확대하기 위해서는 우선 사용이 편리하도록 개선하여야 할 것이다.

▌ 민간전자계약

국토부 전자계약이 무겁고 사용이 불편한 데 반해 전자계약의 장점을 모두 갖추고 있는 민간전자계약은 향후 종이계약을 대체할 훌륭한 도구임에 틀림이 없다. 누구나 가지고 다니는 핸드폰을 이용한 본인인증과 화면에서의 서명 또는 도장날인은 거래당사자가 가장 편리하게 생각하는 유용한 도구다. '모두싸인', '글로싸인'과 같은 전자계약분야에 선두주자 격인 전자사인업체는 간단한 알바 계약서 작성부터 복잡한 부동산계약, 가맹점계약 등 그 종류나 분야를 막론하고 활발하게 이용자 수를 확대하여 왔다.

전자계약의 장점은 사용하던 부동산 양식을 그대로 이용할 수 있고 (국토부는 웹페이지에 입력하는 방식) 핸드폰으로 본인인증 및 서명 및 날인이 가능하고, 전자문서로 영구히 보관되는 장점이 있고, 비용도 저렴하다. 실무에서는 전자계약을 진행하면서도 그 결과물인 종이계약서도 출력하여 교부하고 있다. 수억 원의 부동산계약을 하였는데 손에 아무것도 없으면 섭섭한 면도 있다.

전자계약은 비대면 계약뿐만 아니라 대면계약에서도 똑같이 유용한 기능을 발휘하고 있다. 예컨대 부동산계약에서는 정계약 시에 대면하여 계약서를 작성하는 데 시간도 최소 1~2시간 소요되곤 한다. 이는 부동 문자로 표시된 부분 이외에 주로 특약사항, 잔금일자, 이사일자 등에 관련되어 당자자 간 조율을 하면서 계약서를 작성하기 때문이다. 그러다 보니 충분한 생각 없이 잔금일을 정하게 되고 왕왕 잔금일자를 변경하는 일이 잦다.

전자계약서는 이런 성급한 결정을 미연에 방지 할 수 있도록 정계약 전에 미리 계약서 초안을 당사자에게 발송하여 충분한 시간을 가지고 계약서를 작성할 수 있는 장점이 있다. 물론, 이 과정에서 중개사는 미리 당사자의 여건을 조율하여 중개사(간) 계약서 초안이 가급적 완성된 안으로 작성되도록 하여야 함은 물론이다.

앞으로, 전자계약은 다양한 솔루션을 가지고 모든 플랫폼에 장착될 것으로 예상된다. 다방은 다방싸인을 부동산계약에 접목하는 시도를 하고 있는 바, 시간이 문제이지 향후 모든 부동산거래는 전자계약으로 이루어질 것이다. 은행 업무처럼.

6절 **반값중개**
|||||||||||||||||||||||||||||||||||||||||||||

▌ **반값중개의 시작**

반값중개수수료는 처음에는 지역회원업소에 반기를 든 공인중개사 몇몇이 그들 만의 회원그룹을 형성하면서 시장을 개척하고자 내세운 영업전략이었던 것으로 추정된다. 이른바, 집토스, 우대빵, 청집사, 킹콩부동산 등이 반값중개를 영업전략으로 하는 중개업소이다. 다윈중개는 플랫폼 형태로 반값중개로 매물을 수집하는 전략으로 중개사 회원 수를 늘리고 있다.

▌ 반값중개에 대한 협회고소

다원중개의 중개사회원증가에 위협을 느낀 한국공인중개사협회는 다원중개를 세 번이나 중개사법 위반으로 고소를 하였으나 모두 패소하여 반값중개는 시장에 안착을 하였고, 비싼 중개수수료를 다 지불하는 일은 이제 보기 드물다. 반값중개를 표방하지 않는 중개사들도 중개수수료를 알아서 할인을 하는 일이 다반사가 되었기 대문이다.

▌ 반값중개와 중개사수입 감소

반값중개를 하면 수입이 반으로 줄어들지 않을까? 가장 많이 받는 질문이다. 결론부터 말하면 오히려 수입은 증가한다. 어느 경우에는 두 배로 증가한다고 언론에 보도되고 있다. 쉽게 말해서 수입은 조금 주는데 건수가 많아서 총수입은 증가한다는 얘기다.

흔히들 중개거래를 하면 수수료를 양쪽에서 받는 이른바 양타를 생각하는 분이 많은 것 같다. 그러나 앞에서도 기술한 바와 같이 우리나라 중개거래의 80~90%는 공동중개로 이루어진다. 원래부터 반값만 받는다는 얘기다. 그러니 반값중개를 하는 중개사무소에 건수가 몰리면 기존 중개사보다도 수입은 더 많아지는 결과가 나타나는 것이다.

▌ 홈스퀘어 반값중개

홈스퀘어는 무점포 생활중개시스템이 스탠다드다. 여느 단지 내 부동산처럼 1층 목 좋은 임대료 비싸고 권리금 있는 점포를 임차하지도 않아 임대료가 나가지 않을 뿐 아니라 생활중개사가 재택근무 하는 관계로 고정월급이 나가는 출근직원이 없으니 더욱 비용이 절감된다.

홈스퀘어는 반값중개를 할 만한 이유가 충분히 있는 것이다. 임대료도 월급도 경비도 안 나가니 손님에게 반값만 받아도 되는 구조가 되는 것이다. 반값을 받는다고 서비스 질이 낮거나 거래안정성이 문제가 있는 등 하등의 문제가 없으며 오히려 단지 내 생활중개사의 전문성과 계약전담본사중개사의 경험이 모아져 다른 중개사보다 훨씬 전문적인 중개서비스를 제공하고 있다.

7절 반값등기

▌ 셀프등기의 출현

반값중개수수료와 더불어 법무사업계에서도 반값등기수수료를 표방하는 젊은 법무사들이 출현하기 시작하였다. 온라인에 익숙한 일부 네티즌들을 중심으로 이른바, 셀프등기가 유행처럼 번져 인터넷에 보면 셀프등기하는 방법이 자세하게 그림을 곁들여 나와있는 실정이다.

이렇듯 거래수수료를 한 푼이라도 줄여보자는 시도가 반값중개수수료, 셀프등기로 나타나고, 이른바 부동산등기를 전자등기로 하는 시스템이 갖추어지자 법무사 중에서 반값수수료를 받아도 건수만 많으면 일일이 등기소에 종이서류를 제출하는 수고를 하지 않아도 되기 때문이다.

▌ 반값등기 법무사와 제휴

홈스퀘어는 모든 부동산거래에서 홈스퀘어 플랫폼에서 일어나는 거래가 아니어도 제휴된 정식법무사를 통해 반값수수료로 등기를 처리하는 시스템을 구축하고 수도권을 중심으로 서비스를 제공하고 있다.

서비스를 이용하는 방법은 아래와 같다.

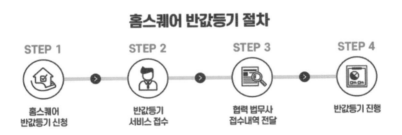

반값등기와 반값중개를 동시에 진행하므로 거래수수료가 다른 중개사무소에 비해 현저히 절감되고 있어 소비자의 반응은 매우 호의적이다. 반값등기라고 하여도 정식법무사가 직접 진행하는 시스템이므로 안심할 수 있고, 이를 위한 법무사의 업무보증이 있어 전혀 걱정할 필요

없는 좋은 연계시스템이라고 할 수 있다.

8절 **전속중개**
IIIIIIIIIIIIIIIIIIIIIIIIIIIIIII

✎ 공인중개사법 제 23조에 의하면 중개의뢰인은 중개 대상물의 중개를 의뢰하는 경우 특정한 개업공인중개사를 정하여 그 개업공인중개사에 한정하여 해당 중개대상물을 중개하도록 하는 계약 형태를 말한다.

개업공인중개사는 전속중개계약을 체결한 때에는 부동산거래정보망 또는 일간신문에 해당 중개대상물에 관한 정보를 공개하여야 한다. 다만, 중개의뢰인이 비공개를 요청한 경우에는 이를 공개하여서는 아니 된다. 전속중개계약의 유효기간은 3개월로 하되 별도 약정이 있는 경우에는 그 약정에 따른다.

전속중개계약이 체결되는 이유는 의뢰인과 중개사간에 특별한 신뢰가 있거나 중개사의 능력과 기타 조건을 감안하여 일정기간 계약의 독점권을 부여하는 것을 말한다.

계약독점체결권을 가진 중개사는 자신의 비용과 노력으로 정한 기간 내에 거래성사를 위해 최선을 다할 것이라는 기대하에 진행되며, 이 기간 동안 다른 중개사에게 이중의뢰를 하거나 자신이 매수자를 물색하여 거래가 체결되는 경우에도 전속중개사는 일정한(통상 50%) 보수를 지급받을 수 있다.

다만, 이런 종류의 사례는 분쟁이 발생할 수 있으므로 표준전속 중개 계약서에 규정되어있다.

〈부록참조〉

우리나라의 경우에 전속계약은 매우 드물다. 이른바, 신속한 거래를 원하는 의뢰인과 많은 중개사무소가 존재하는 한 중개독점권을 부여하는 일은 특별한 경우 이외에는 없다.

그러나, 선진국의 경우에 또는 이른바 큰손인 경우에는 의외로 전속공인 중개사를 선호한다. 중개사도 일종의 자신의 자산관리인이므로 자신의 자산내역을 충분히 인지하고 있는 중개사가 업무를 처리하면서 오는 안정감과 친숙함이 전속을 선호하는 이유일 것이다. 그러나, 그전에 부동산 전반에 관한 전문지식과 네트워킹이 검증을 한 후에야 전속중개사로 선정될 것이다.

PART 5

생활중개 알아보기

· 1절 주거단지 거주자로서 자투리 시간을 낼 수 있는 분

· 2절 현직장에서 금하거나 다른 생활을 방해하지 않아야 한다

· 3절 실무교육 또는 직무교육 수료

· 4절 개업공인중개사와 고용계약

· 5절 홈스퀘어 중개체계

· 6절 희망단지 배정

· 7절 소속공인중개사 또는 소속중개보조원 신고

· 8절 명함 및 신분증(사원증) 교부

1절 주거단지 거주자로서 자투리 시간을 낼 수 있는 분

✎ 지금부터는 이 책의 하이라이트인 생활중개에 대하여 상세히 설명하고자 한다. 사실 생활중개라는 개념을 처음 생각하고 몇몇 분에게 아이디어를 설명하자 너무나 반응이 뜨거워 깜짝 놀랄 정도였다. 사실 사업의 아이디어는 초등학생도 이해하여야 좋은 아이디어라고 한다. 어떤 기업의 임원은 새로운 사업 구상이 떠오르면 회사 경비원이나 미화원에게 제일 먼저 설명하여 반응을 살핀다는 얘기가 있다.

"생활중개라고 들어보시지 못했겠지만 재택하면서 집만 보여주면 수수료를 받는 건데요" 여기까지 하면 사업설명은 이미 끝나 있었다. "아 그거 할 수 있을 거 같아요.", "자격증이 없어도 되나요?", "아파트 거주자만 되나요?" 등 끊임없는 질문이 사업의 줄기를 뻗게 하고 가지가 무성해지는 느낌을 받았다.

어떤 교육이나 설명도 불필요해 보일 정도로 이미 한문장만 듣고도 본인은 일을 잘 할 수 있고 우리 단지에 몇 년을 살아 너무나 속속들이 알고 있어 어떻게 할 것이며 등 향후 계획까지 술술 나오는 것이었다. "그러면 단지 내 부동산은 어떻게 되나요?", "개업중개사들이 어려워질 수도 있겠네요." 하는 전망을 하는 분들 도 계셨다.

생활중개는 현재 우리나라 중개시스템의 취약점을 보완하는 시스템이다. 중개수수료는 비싸다고 느끼는 데 중개사는 집 보여주는 일이 다라는 인식이 저변에 깔려있다. 현업 중개사는 억울할 지 몰라도 아마도 본인도 중개사 시험에 도전하는 동기 역시 이런 생각이 없었다고 할 수 없다. 집 한번 보여주고 연봉을(?) 이런 자극적인 기사가 한 해 40만 이라는 수험생을 만들어내는 마력을 가지고 있는 자격증인 것이다. 그 러니, 집 보여주기라면 이미 이 단지에서 수 년 혹은 십 수 년을 살아온 내가 중개사보다 못할 이유가 있냐는 자신감이 있는 것이다. 이는 실제 로 업력이 일천한 중개사무소의 경우에는 주민에게 오히려 배워야 하는 건 시간의 힘이라고 봐야 한다.

집 보여주기는 단순한 일인 듯 하지만 이미 수년간 그 단지를 생활 속 에 경험한 모든 정보가 녹아 들어 있는 진정한 사용후기가 생활중개사 에게는 가르쳐줄 필요 없이 이미 준비가 되어 있기에 그야말로 집만 보 여주는 단순안내가 아닌 생생한 정보 전달자가 되는 것이다.

생활중개를 하기에 적합한 사람은 아파트 등 거주단지에서 수년간 거 주자로서 부동산에 관심이 있고 재택하면서 자투리 시간을 낼 수 있는 활동적인 여성이 적합하다.

2절 직장을 다니거나 다른 생활이 방해받지 않아야 한다

✎ 생활중개를 하실 분은 현재 직장생활을 하여 출근을 하거나 부동산사무소를 개업하고 있거나 소속공인중개사 또는 소속중 개보조원이 아니어야 한다. 또한, 생활중개는 재택을 하면서 자투리 시 간을 활용하는 거지만 이 일로 인하여 본인의 다른 생활이 방해를 받지 않아야 함은 물론이다.

또, 부업으로 다니는 직장이라도 그 직장에서 이중취업을 금하는 경우에도 하기 어렵다. 다른 이야기지만 실업급여를 받고 있는 경우에도 생활중개를 할 수 없다. 생활공인중개사 또는 생활중개보조원은 소속직원(프리랜서)으로 신고되기에 취업으로 보는 까닭이다.

생활중개를 하면서 소득이 발생하면 의료보험 피부양자가 아닌 지역가입자가 된다. 지역가입자가 되면 소득과 재산, 자동차까지 합산하여 의료 보험료를 산정하게 되므로 경우에 따라서는 보험료가 많이 나올 수 있으므로 이에 대한 고려도 필요하다. 이미 지역가입자인 경우에는 물론 상관이 없다. 2023년 지역가입자 보험료 산정방식인하로 부담은 많이 줄어들었다. (자세한 지역가입자 보험료 산정방식은 의료보험 공단 홈페이지 참조)

중개업의 특성상 토요일과 법정공휴일이 아닌 빨간날 근무를 한다. 물론 생활중개사들은 재택이니 특별히 출근하는 부담이 있는 것은 아니지만 주말에 집을 보러 다니는 경우가 많은 점을 고려 하여야 한다.

중개사무소에 취업한 사실로 사회생활에 지장이 있다고 생각되시는 분은 하지 말 것을 권한다. 중개업도 서비스업이면서 영업이 필요한 업종이다. 물론 집만 보여주는 일만 한다면 아무런 영업이 필요하지 않지만 자기매물이라면 수수료가 플러스되기에 지인들에게 내가 하는 일을 홍보할 필요는 있다. 그래서 그런 일이 부담스런 분은 하지 않는 것을 권하는 것이다.

부동산중개업에 종사하다 보면 자연스럽게 부동산 얘기의 중심에 서게 된다. 많은 지식과 경험이 있는 중개사들은 여럿이 있는 곳에서는 절대 자신의 의견을 피력하지 않는다. 중개는 1:1 서비스지 절대 여러 명에 대한 서비스가 아니기 때문이다. 계약을 하러 올 때 본인 외에 다른 친척, 친구가 온다면 계약은 쉽게 진행되지 않는 경우가 허다하다. 동행자는 반드시 이른바 고춧가루를 뿌리는 경우가 많다. 왜냐하면 같이 온 사람으로 뭔가 해야 할 거 같고 남의 일이기에 과감한 의견을 내세우기 때문에 계약이 틀어지기 일쑤다. 만일, 당신이 생활중개를 한다 해도 모임에서는 의견을 듣는 데 그치는 것이 현명하다. 모임이 끝나면 개인적으로 문의가 오기 마련이므로.

3절 실무교육(중개사) 또는 직무교육(중개보조원) 수료

✎   생활중개를 한다고 해서 아무런 교육도 받지 않고 할 수 있는 것은 아니다. 법규상 중개사무소 개업하거나 취업(소속)을 하려면 일정한 교육이 필요하다.

공인중개사 자격증을 가진 사람이 개업을 하거나 취업을 하기 위해서는 총28시간의 실무교육을 이수하여야 한다. 자격증이 없는 경우에는 소속중개보조원으로 취업하는 데 총 4시간의 직무교육만 받으면 된다. 현재는 모두 사이버교육으로 진행하며, 한국공인중개사협회 등에서 온라인으로 실시하고 있다. 실무교육은 13만 원, 직무교육은 4만 원의 수강료가 든다.

▌ 사이버 교육하는 곳

· **교육기관 및 장소**

교육기관	교육장 위치	연락처	교육상세정보 (기관별 안내사이트)
서울시평생학습포털	· 사이버 교육(OO구 공인중개사 검색) (수강신청 클릭(등록번호, 명칭 입력))	02)1588-3665	바로가기 (클릭)
건국대학교	· 건국대학교 산학협동관 (서울특별시 광진구 능동로 120)	02)457-4507	바로가기 (클릭)
동국대학교	· 동국대학교 사회과학관 (서울특별시 중구 필동로 1길 30)	02) 2290-1483	바로가기 (클릭)
새대한공인중개사협회	· 협회 행당동 상설교육장 (서울특별시 성동구 왕십리로 303)	02) 1670-9377	바로가기 (클릭)
상명대학교	· 상명대학교 밀레니엄관 (서울특별시 종로구 홍지문2길 20)	02) 2287-5054	바로가기 (클릭)
서울벤처대학원대학교	· 서울벤처대학원대학교 본관 (서울특별시 강남구 강남구 봉은사로 405)	02) 3470-5142	바로가기 (클릭)
한국공인중개사협회	· 협회 봉천동 상설교육장 (서울특별시 관악구 남부순환로 1722)	02) 879-0087	바로가기 (클릭)
	· 협회 창동 상설교육장 (서울특별시 도봉구 마들로11길 65)	02) 989-0087	
	· 협회 선릉 상설교육장 (서울특별시 강남구 선릉로 513)	02) 879-0087	
	· 협회 은평 중구상설교육장 (서울특별시 중구 동호로 336)	02) 989-0087	
한국열린사이버대학교	· 한국열린사이버대학교 9층 (서울특별시 중랑구 망우로 353)	02) 2197-4191	바로가기 (클릭)

실무교육은 중개사무소의 개설등록 신청하려는 자(법인의 경우 임원, 사원 / 분사무소 책임자) + 소속공인중개사로 고용신고를 하려는 자가 받아야 하는 교육이며, 폐업신고 후 또는 고용관계 종료 후 1년 이내인 자는 교육 면제대상이다. 직무교육은 공인중개사 자격증 소지자는 불가하며 중개보조원 고용신고일 전 1년 이내에 직무교육을 받아야 하고, 고용관계종료 신고 후 1년 이내에 다시 고용신고 할 경우는 교육 면제대상이다.

4절 개업공인중개사와 고용계약

    ✎   실무교육을 수료하거나 직무교육을 수료하고 나면 홈스퀘어 부동산중개법인과 고용계약을 체결한다. 공인중개사는 소속공인중개사로, 자격증이 없는 분은 소속 중개보조원으로 계약을 체결하게 된다.

   계약의 내용은 동일하나 공인중개사는 법규상 중개행위를 할 수 있으므로 계약서작성에 따른 추가 수수료가 있다. 구체적인 수수료 체계는 뒷장에 설명하기로 한다.

   고용계약의 주요내용은 다음과 같다

   가장 유의해야 할 사항은 중개법령을 위반하여서는 아니 되는 것이고, 특히, 중개보조원은 중개행위(계약 등)를 하지 않고 현장안내 등 중개보조업무를 한다는 것이다.

· 목적
부동산 중개보조업무를 수행함에 있어 업무정보를 공유지원하고, 중개보조업무를 한다.

· 중개업무수행약정
공인중개사법과 기타 관련 법률에 따라 중개업무(주업무는 현장안내)를 수행하고 소속공인중개사 또는 중개보조원 신고 를 한다. 중개보조원은 단순보조업무를 하며 중개계약을 하지 아니한다.

· 수익배분과 지급시기
중개보조업무를 수행한 건이 계약이 완성한 경우 수입수수료의 20%(기본보수)를 성과급으로 지급한다.(성과율은 변동되며 월별 수익금정산표참조).
직접 수집한 물건(자기물건) 과 직접 계약한 경우 각각 성과급으로 더하고, 중개업무과정에 당사직원간 공동으로 중개한 경우 관례에 따라 배분한다.

· 금지행위

중개업관련법령, 본 계약서 및 본조에 위반된 중개행위를 한 경우 본 계약은 자동해지된다.

· 경업금지의무

퇴사일로부터 2년간 을의 근무지 동일한 시,군,구에서는 일체의 부동산(중개)업무를 수행 할 수 없다.

경업금지의무는 상법상 동일업종 창업을 일정기간 금지하거나 퇴사 직원의 유사업종 취업금지 조항과 비슷한 조항이다. 부동산매물정보, 소유자 전화번호 등 민감한 영업정보를 빼가는 직원을 방지하기 위한 조항이다.

5절 홈스퀘어 중개체계

 생활중개 고용계약을 마친 지원자는 본사에서 생활중개에 관한 실전실무교육을 받는다. 교육은 실무교육과 직무교육에서 다루지 않는 내용 위주로 구성되어 있으며 주로 생활중개시스템에서 활용되는 여러 가지 마케팅 전략과 본사 담당파트너 공인중개사와의 소통시스템을 위주로 교육한다. 교육시간은 60분 정도 이고 본사 또는 지사에서 교육한다.

파트너중개사는 모든 생활공인중개사와 생활중개보조원에 매칭되는데 본사 소속으로 생활중개를 진행하는 데 있어 경험이 없거나 적은 생활공인중개사와 생활중개보조원을 위하여 거래당사자와 계약내용조율, 일정조율, 계약서작성, 후속 신고 등 중개업무의 핵심적인 부분을 담당하게 된다.

█ 홈스퀘어 중개조직시스템

여기서 홈스퀘어 중개사 중개시스템체계에 대하여 간단하게 설명하면 아래와 같다. 홈스퀘어는 이른바 생활중개, 지역중개, 중앙중개 세 분야로 나누어진다.

생활중개는 특정아파트단지를 중심으로 단지거주 공인중개사 또는 중개보조원이 중심이 되어 중개업무내지 중개보조업무를 수행하지만 파트너중개사가 매칭되어 공동으로 중개활동을 하는 단위 중개조직이다.

지역중개란 특정지역(예컨대, 분당, 판교 등)을 중심으로 파트너중개사가 중심이 되어 생활중개 단지들을 관할하면서 중개업무를 수행하고, 자체적으로 지역단 중심 상업용 매물도 취급하는 복합 중개조직을 말한다.

중앙중개란 본사에 소속된 중개사 들로만 구성되어 생활중개와 지역중개를 관할하며 중개업무를 수행하고, 자체적으로 중앙조직 중심 상업용 매물도 취급하는 최상단위 중개조직을 말한다.

█ 홈스퀘어 중개사 체계

홈스퀘어 소속 중개사 체계는 아래와 같다.

▌ 생활중개사, 생활중개보조원(재택)

일정단지를 중심으로 중개활동을 하는 중개사로서 초보 내지 경력이 적은 중개사로서 재택근무를 하며 근무시간이 자유로운 것이 특징이다. 생활중개보조원은 일정단지에서 집 보여주기 같은 현장안내를 통해 중개보조활동을 하며 근무조건은 생활중개사와 동일하다.

▌ 파트너중개사(상근 또는 비상근)

생활중개의 경험이 쌓이게 되면 공인중개사의 경우에는 파트너중개사가 수행하는 업무, 즉 스스로 계약서조율, 계약서 작성 등이 가능하다면 본인신청에 의해 파트너중개사와의 매칭은 해지되고 이후에는 중개업무는 독자적으로 진행할 수 있다. 경험이 생긴 생활중개사가 되면 선택에 따라 인근 여러 명의 생활중개사 파트너중개사로 활동할 수 있다.

▌ 지역중개사(생활중개사 3년 이상 개업 희망자)

생활중개단지를 관할하는 일정지역을 중심으로 중개활동을 하는 중개사로서 경력이 3년 이상 되는 중개사(기존 경력 포함)로서 개업을 희망할 경우 지역중개사가 될 수 있다.

생활생활중개단지를 관할하며, 주거용 외 상업용 매물도 가능하며, 사무실에서 근무한다. 지역중개사는 모두 생활중개의 파트너중개사가 되어 멘토로서 역할과 계약서 작성의 업무를 수행하게 된다.

▌ 중앙중개사(상근)

중앙중개사는 생활중개 또는 지역중개를 관할하며 경력이 5년 이상 되는 중개사로서 독자적인 계약업무, 모든 종류의 매물을 취급한다. 본사 사무실에 출근하며 중개사 최상단 직급이다.

중앙중개사는 모두 파트너중개사로 구성되어 있는 점에서 지역중개사와 동일하고 지역중개사가 배치되어 있지 않은 지역을 관할한다. 또한, 본사에 의뢰된 큰 매물을 담당하게 되어 중개수입 최상단에 오른 중개사로 구성된다.

단계	명칭	경력 자격	업무
1단계	생활공인중개사 생활중개보조원	경력 무관	생활중개
2단계	파트너중개사	1년 이상	생활중개 생활중개 멘토
3단계	지역중개사	3년 이상	개업생활중개사
4단계	중앙중개사	5년 이상	중개업무전반

〈홈스퀘어 중개직급체계〉

홈스퀘어에 입사하게 되면 처음에는 집 보여주기와 같은 비교적 단순한 업무에서부터 경험을 쌓아나가면서 점차 중개지식과 현장경험이 축적되어 스스로 중개활동이 가능하다고 생각되는 단계에 진입을 하면 본인 선택에 따라 파트너중개사로서 활동하거나 지역중개사무소나 중앙중개 사무소에 파트타임 내지 출근을 하는 방식으로 단계가 발전하게 된다.

또한, 지역중개와 중앙중개 근무중개사로서 실적에 따라 지역단 책임 자가 되거나 중앙책임자로 승급하는 시스템을 가지고 있다. 이 경우에 는 주로 중개사의 책임자로서 업무를 수행하게 된다.

6절 **희망단지 배정**

✎ 본사교육과 고용계약을 마치게 되면 최종적으로 본 인이 관할하는 단지 신청과 배정절차가 남아있다. 이는 매우 민감한 문 제이기에 홈스퀘어는 최초 배정 시에는 선착순으로 단지를 배정하는 것 이 원칙이다. 실무적으로 최초 생활중개 신청 당시에 본인 거주지를 접 수 받으면서 기존에 신청단지와 중복되는 부분은 미리 협의를 거쳐 진 행하고 있다.

▌ **최초 지정**

생활중개 최초 계약 시에는 아파트 등 주거용의 경우는 본인 거주지를 포함한 인근 1,000m 이내 아파트 단지를 공인중개사는 5천 세대, 중개 보조원은 3천 세대를 선착순으로 희망하여 지정할 수 있다. 아파트는 여 성분에 한하여 근무 가능하다. 집을 보여주는 업무 특성에 기인한다.

아파트 외 오피스텔, 주상복합, 생활숙박시설, 도시형생활주택, 빌라 단지, 주택단지 등은 남성분도 지원이 가능하며, 남성의 경우 거주지가 아닌 생활근거지를 중심으로 단지 지정을 신청할 수 있다. 따라서, 생활 동선을 고려한 단지 지정도 가능하다. 이 역시 공인중개사는 5천 세대, 중개보조원은 3천 세대를 지정 할 수 있다.

▌ 재지정

재계약 시 기신청자와 중복되지 않는 범위 내에서 단지 변경이 가능 하다. 재계약 시 본인의 신청과 실적을 감안하여 세대수의 증감이 이루 어지기도 한다. 해당단지에서 1건의 실적도 없다면 단지 변경신청을 하 는 방향으로 권하고 있다.

▌ 지정 취소

배정받은 단지에서 업무수행 중 고용계약서 조항에 위배되는 경우 계 약은 자동해지되며 지정단지도 회수 된다. 공인중개사법은 강행규정이 많은 관계로 법규상 위반되는 사항은 매우 중대한 사항이기 때문이다.

▌ 단지 범위에 관한 예외

단지 지정은 거주지 중심 또는 생활지 중심 반경1,000m 이내를 원칙으로 하고 있다. 그러나, 거리제한의 경우 특별한 사정이 있는 경우에 따라 예외적으로 운용하고 있다. 예컨대, 향후 수개월내 거주지 변경이나 생활지 변경 등으로 현재거주지와 떨어진 미래거주지의 경우 심사를 통해 지정 받을 수 있다.

▌ 단지양도신청

지정받은 단지에서 열심히 활동하다 보면 소유자, 매물정보등 중개활동에 필요한 정보가 축적되므로 중개수입도 점점 증가하게 된다. 그러나, 개인사정으로 이사를 갈 경우에는 그동안 활동한 단지를 지정받고자 하는 희망자가 있을 경우 본사에 단지양도양수 심사를 받을 수 있다. 단지양도에 관한 사항은 본사의 승인절차에 의해 지정한다.

7절 소속공인중개사 또는 소속중개보조원 신고

✎ 고용계약과 수료증제출, 단지배정이 끝나면 회사는 관할구청에 소속공인중개사 또는 소속중개보조원 고용신고를 한다. 동 신고가 수리완료 되어 국가정보포털에 등재된 이후 업무를 개시하여야 하고, 그 이전에 업무를 개시하면 법규위반사항이다.

소속중개사 신고 시에는 중개보조원과 달리 인장등록이 필요하다. 계약 시 사용할 인장으로 신청서 공란에 찍어 제출하거나 온라인으로 신고 시 파일형태로 전송한다. 인장이 변경되었을 경우에도 7일 이내에 등록 신고한다.

등록인장은 주민등록표에 기재되어 있는 성명이 나타난 인장으로써 그 크기가 가로, 세로 각각 7밀리미터 이상, 30밀리미터 이내인 인장이어야 하며, 법인인 개업공인중개사의 경우에는 「상업등기규칙」에 따라 신고한 법인의 인장이어야 한다.

신고 시 첨부서류는 소속공인중개사의 경우에는 공인중개사자격증사본, 실무교육 수료증, 등록할 인장 파일 또는 신청서 여백 날인이 필요하다. 중개보조원의 경우에는 직무교육 수료증만 제출하면 된다. 이미 다른 곳에서 개업을 하여 영업중인 공인중개사는 소속공인중개사, 중개보조원, 또는 개업공인중개사인 법인의 사원, 임원이 될 수 없다.

정부24시에서 소속공인중개사 고용신고, 변경, 고용관계종료 신고를 할 수 있다. 신고서 작성 시 전화번호는 향후 광고 시에 사용할 번호이므로 신중하게 기입한다. 소속공인중개사의 전화번호도 신고한 번호만이 추후 광고에 사용할 수 있다.

중개법인의 경우에도 대표자인 개업공인중개사 인증서가 필요하다. 법률적으로 중개법인에 고용되어 고용계약서도 작성하는데 정작 신고할 때는 개인공인중개사로 신고한다. 우리나라 중개사무소의 대형화 전문화를 위해 중개법인을 권리의 주체로 인정하여야 할 것으로 보인다. 고용관계가 종료된 때에는 종료된 날로부터 10일 이내에 등록관청에 신고하여야 한다. 이때 별도 제출서류는 없다.

소속공인중개사 또는 중개보조원의 업무상 행위는 그를 고용한 개업공인중개사의 행위로 본다. 따라서, 생활중개 종사사들도 관련 법규를 준수하여 법률에 위반되어서는 안 된다.

8절 명함, 신분증(사원증) 교부

✎ 고용신고가 완료되는 즈음에 본사에서는 명함과 신분증을 준비하여 우편으로 발송하여 준다. 따라서, 신분증에 사용될 여권사진을 미리 제출하여야 하며 업무수행 시 항상 패용하여야 한다.

최근, 중개보조원이 공인중개사 행세를 하여 사회문제가 되었다. 홈스퀘어는 공인중개사와 중개보조원을 구별이 가능하도록 업계최초로 중개사무원 신분증을 제작하여 의무 착용하고 있다. 신분증은 무료로 제작하여 배부한다.

명함은 영업용명함과 고급명함 2종이 있으며, 마케팅을 위한 영업용명함은 초기에 무상으로 배부하여 준다. 추가로 필요한 수량은 홈스퀘어 몰에서 실비로 추문 가능하다. 기타 고급명함과 신분증 분실 재교부 등은 역시 홈스퀘어 몰에서 이용할 수 있다. 홈스퀘어 몰은 직원전용으로 외부판매는 금지되어 있다. 홈스퀘어 몰은 기타 중개활동에 필요한 사무용품이 비치되어 있는 바, 필요한 대로 사용하면 될 것이다.

PART

6

생활중개 실전 1

· **1절** 접근동기, 회피동기

· **2절** 관할단지 부동산정보 익히기

· **3절** 부동산정보 플랫폼 연습

· **4절** 홈스퀘어 플랫폼 연습

· **5절** 매물관리

· **6절** 매물수집– 단지매물

· **7절** 매물수집– 네트워크매물, 네트워크손님

· **8절** 본인 매물도 수수료를 받는다

· **9절** 손님을 소개해도 수수료가 있다

· **10절** 생활중개 수수료 종류와 지급시기

· **11절** 매물분석

· **12절** 매물광고(네이버 매물 등록 방법)

1절 접근동기, 회피동기

　　✍　심리학 강의에서 비교적 많이 알려진 용어인 이른바,
접근동기와 회피동기라는 용어가 있다. 용어가 좀 어려우나 앞에 단어
를 하나 추가하면 금방 이해가 간다. (행복)접근동기와 (불행)회피동기 라
고 하면 쉽게 추론이 가능하다.

　일반적으로 보험회사는 금방이라도 사고가 날것 같이 선정하고, 금방
암이라도 걸리면 불행해지는 장면을 반복적으로 보여줌으로써, 시청자
가 불안, 또는 불행으로부터 벗어나고자 하는 회피동기를 자극하여 보
험에 가입하게 하는 것이다.

　반면, 아름다운 해변을 배경으로 낙원 같은 삶을 보여주며 '지금부터
꾸준하게 저축보험을 들면 저런 노후를 즐길 수 있다.'라는 장면은 행복
을 추구하는 접근동기를 자극하는 광고다.

　인간이 가장 싫어하는 심리가 불안이라고 심리학자는 말한다. 이것
을 부동산중개업계에 대비하여 보면 이런 재미있는 일들이 벌어지고 있
는데, 예컨대 중개사수험학원은 만약 당신이 지금부터 꾸준하게 공부한
다면 중개사시험에 합격할 수 있고, 그런 다음 노후에 정년 없는 직업을
내 마음대로 언제든지 차릴 수 있다는 행복바이러스로 유혹하고 있다.
그러나, 시험일자가 다가오면 '30일 만에 중개사 취득가능' 이런 강좌가
불안심리를 자극하여 수강생을 모집하는 것이다.

　중개사 합격 발표 후에는 또 어떤 광고가 주를 이룰까? 다름아닌 부
동산 창업 이렇게 하여야 한다. '부동산 개업, 우리 프랜차이즈하고 안

하면 고생한다.' 등의 회피동기를 자극하는 광고가 합격생들의 불안심리를 자극한다. 그러나 살펴보면 불안심리에 못 이겨 선택한 결과는 항상 오래가지 않는 경향이 있다. 왜냐하면 어떤 프랜차이즈회사와 계약을 하는 순간 불안은 해소된 듯 착각이 들지만 실제로 불안감은 영업이 잘 되어야 해소되는 것이기 때문에 근본적인 해결책이 될 수 없는 것이다. 너무나 자명한 얘기이지만 프랜차이즈만 선택하면 끝이 아니고 그때부터 본인이 꾸준하게 열심히 행복을 향해 접근해 나가는 노력이 있어야 한다는 것이다.

다행스럽게도 생활중개에 지원자를 보면 어떤 불행을 회피하고자 지원하는 것이 아니라 행복에 접근하기 위해 선택하고 있는 것을 볼 수 있다. 많은 지원들이 생활중개로 큰돈을 벌 수 있다고 믿지 않는다. 생활중개는 자신이 가지고 있는 단지 내 지식을 활용할 수 있다는 자신감과 그 동안 하고 싶었지만 여러 가지 여건으로 인해 개업을 하지 못한 장롱면허탈출에 대한 기대감, 자투리시간을 활용한 부업으로써 재미 등이 복합적인 흥미유발요인으로 작용하고 있다.

이른바, 행복접근동기라고 볼 수 있다. 그것도 오랜 꿈(?)이 이루어지는 기대감은 전국 38만 장롱면허 보유자에게는 부담 없이 접근이 가능한 재미있는 도전이라고 할 수 있다. 행복 접근동기이므로 누가 시키지 않아도 스스로 꾸준하게 할 수 있는 일이고, 만일 기대 이상의 수입이 생긴다면 아마도 이 이상의 기분 좋은 부업은 없을 것이다.

2절 관할단지 부동산정보 익히기

✎ 생활중개종사자가 된 후에는 제일 먼저 자신이 선택한 단지에 대한 정보를 숙지하여야 한다. 생활 속에 이미 익숙한 단지이기 때문에 무얼 또 숙지하여야 하나 할 수 있지만, 일반주민이 아는 정보에 더하여 현장안내 시 임장 손님이 물어볼 다양한 질문에 대하여 막힘 없이 답변을 하기 위해서는 단지정보를 잘 알고 있어야겠다.

먼저, 아래사이트를 통하여 단지정보를 숙지하도록 한다.

〈K-apt 공동주택관리시스템 http://www.k-apt.go.kr/〉

가장 기본적인 정보는 주소, 동수, 세대 수, 타입, 준공일자, 난방방식 등이다.

기본관리비가 어느 정도인지 여름과 겨울 평균을 기억하면 좋다.

우리 단지기본정보, 관리시설정보, 녹색/에너지 정보 등을 익혀두면 도움이 된다.

<네이버부동산 https://land.naver.com/>

매물정보가 풍부하여 필수적으로 숙지하여야 하는 플랫폼이다.

<호갱노노 https://hogangnono.com/>

네이버 보완기능

〈KB부동산 https://www.kbland.kr/c/1985?ctype=01&xy=37.4885998,127.1150488,17〉

부동산 대출 등 기준이 되는 시세를 제공하고 있다.

〈부동산지인 https://aptgin.com/root_main〉

빅데이터를 이용하여 부동산의 추세를 파악하기 용이하다.

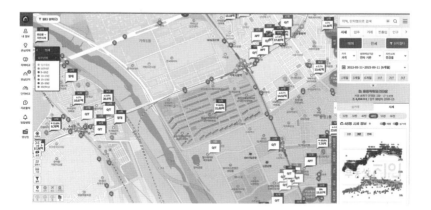

3절 **부동산정보플랫폼 연습**

✎ 부동산플랫폼의 종류를 앞서 설명한 바와 같이 정부에서 운영하는 국토부실거래플랫폼과 민간에서 운영하는 네이버, 호갱노노, 직방 등의 플랫폼이 있다. 우선적으로 국토부실거래플랫폼을 먼저 숙지하여야 한다. 현재는 민간 플랫폼에서도 실거래가가 공개되어 있지만 우리는 국토부 전체통계를 먼저 보면서 흐름을 먼저 읽는 습관을 가져야 한다.

📑 실거래 분석

〈국토교통부 실거래가 공개시스템 https://rt.molit.go.kr/new/idx/main.do〉

〈(구)실거래가공개시스템〉

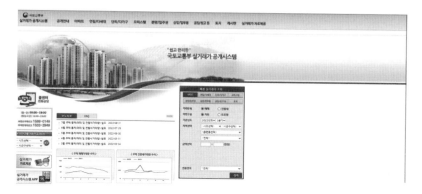

실시거래가공개시스템은 위의 두 가지 방식이 있다. 간단히 보려면 위쪽에 있는 시스템을 이용하고 엑셀을 내려 받아 분석용으로 사용하기 위해서는 아래 홈페이지를 이용한다.

📑 매물공개 사이트

아파트는 네이버부동산, KB부동산을 겸용해서 사용한다. 오피스텔, 원룸, 투룸은 직방을 사용하되 피터팬도 사용한다. 홈스퀘어는 아파트는 네이버부동산에, 원룸, 투룸 등 소형은 피터팬을 활용하고 있다. 네이버부동산은 동일 매물이 많은 관계로 동일매물 묶기 기능을 활용하여 동일매물을 가려내어 작업한다. 다른 중개사무소 매물도 내 매물을 만드는 소위 '매물 빼가기' 등의 일은 하지 않는다.

4절 홈스퀘어 플랫폼 연습

✎　생활중개는 홈스퀘어 전용 매물관리 프로그램을 사용하고 있는데, 생활중개직원은 필수적으로 이 프로그램을 사용하여 매물관리를 한다. 예컨대, 매물을 수집 하였을 경우 매물등록, 매물관리, 매물수정, 고객관리, 매물의뢰접수, 계약관리, 가계약관리, 입퇴실관리, 문의관리, 연락요청관리, 전화관리, 반값등기 신청 등 일련의 부동산중개과정에서 필요한 모든 과정들을 웹상에서 온라인으로 관리하는 프로그램이다.

예전에 중개사무소에서는 소위 매물장이라고 하는 대학노트 같은 매물장부를 사용하기도 하지만 그런 중개사무소는 과거 복덕방에서 사용하던 방법이고, 이제 그런 방식으로 중개를 하는 부동산사무소는 없다고 봐야 한다. 컴퓨터와 핸드폰, 그리고 첨단장비를 누구나 보유하고 활용하는 시대이니만큼 기능을 충분히 익혀서 사용하면 여러모로 편리하다.

또한, 홈스퀘어는 전국단위 매물중개를 하고 있기 때문에 전국 직원들이 올린 매물전부를 열람하고 연계네트워크를 가동하여 중개가 가능하기 위해서는 상호 동일한 프로그램을 사용하여야 업무가 효율적으로 진행된다. 이런 의미에서 홈스퀘어 프로그램 사용은 필수적이다.

1) 매물의뢰

앞서도 언급한 바와 같이 홈스퀘어는 사용자도 직접 입력이 가능한 구조이기에 소유자가 직접 매물을 입력하여 의뢰하는 경우의 화면구성이다. 소유자가 직접 입력을 하는 화면구성이라 비교적 핵심적인 부분만 입력하게 함으로써 보다 쉽게 접근할 수 있도록 구성하였다.

〈소유자가 직접 입력하는 매물의뢰 화면〉

매물의뢰가 접수되면 담당공인중개사가 배정되어 즉시 의뢰인과 통화를 통해 상세한 매물조건에 대해 파악하여 정식으로 매물접수를 진행하게 된다.

2) 매물등록 1(화면이 흐린 것은 내부용임을 감안하여 주시기 바랍니다.)

3) 매물등록 2(화면이 흐린 것은 내부용임을 감안하여 주시기 바랍니다.)

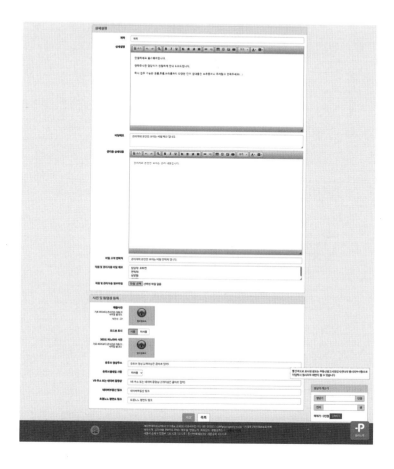

4) 부동산매물 등록 시 중개대상물 표시, 광고 명시사항 준수

　중개대상물에 대한 부당한 표시·광고 등으로 인하여 부동산 시장의 건전성이 훼손되는 것을 방지하고, 인터넷을 통한 부동산 중개 이용자가 증가하는 상황에서 거짓·과장 광고 등으로 인한 소비자의 피해를 방

지하기 위하여 부동산 중개대상물에 관한 허위 등 부당한 표시·광고를 금지하는 내용으로 '공인중개사법'이 개정되었다(2019년 8월, 2020년 8월).

아래는 공인중개사법 제18조의 2(중개대상물의 표시, 광고) 명시사항이다. 아래 규정을 위반하면 100만 원 이하의 과태료를 부과하는 벌칙이 있다. 벌칙을 떠나 소비자를 기만하는 허위매물, 과장매물은 없어져야 할 폐단이기에 중개사 스스로 이를 준수하여야 한다.

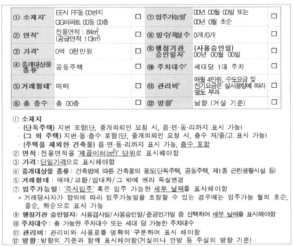

개업공인중개사가 인터넷 광고 시 명시해야할 사항(체크리스트)

① 중개사무소 및 개업공인중개사(5가지 항목 예시, 중개대상물 종류별 공통사항)

① 명칭	AA공인중개사사무소	☐			☐
② 소재지	BB시 CC동 DD건물 1층	☐	④ 등록번호	가가23456	☐
③ 연락처	02-123-4567	☐	⑤ 성 명	김○○	☐

② **소재지** : 지번과 건물번호 생략 가능 (예시) 서울 영등포 의사당대로 (○)
③ **연락처** : 등록관청에 신고된 중개사무소 연락처만 가능 (이 외 다른 연락처는 표시 불가)
⑤ **성 명** : 개업공인중개사의 성명 (소속공인중개사 성명은 대표자 성명과 병기 시 가능)
　　　(예시) AA공인중개사사무소 김○○(소속공인중개사 박○○)

※ 중개보조원 관련 사항(명함, 이름, 전화번호 등) 명시 금지

② 중개대상물(12가지 항목 예시, 건축물 기준)

① 소재지	EE시 FF동 00번지 GG아파트 00동 00층	☐	⑦ 입주가능일	00년 00월 00일 또는 00년 0월 초순	☐
② 면적	전용면적 : 84㎡ (공급면적 113㎡)	☐	⑧ 방수/욕실 수	0개/0개	☐
③ 가격	0억 0천만원	☐	⑨ 행정기관 승인일자	(사용승인일) 00년 00월 00일	☐
④ 중개대상물 종류	공동주택	☐	⑩ 주차대수	세대당 1대 주차	☐
⑤ 거래형태	매매	☐	⑪ 관리비	매월 4만원, 수도요금 및 전기요금은 실사용량에 따라 별도 부과	☐
⑥ 총 층수	총 00층	☐	⑫ 방향	남향 (거실 기준)	☐

① **소재지**
　· **(단독주택)** 지번 포함(단, 중개의뢰인 요청 시, 읍·면·동·리까지 표시 가능)
　· **(그 외 주택)** 지번·동·층수 포함(단, 중개의뢰인 요청 시, 층수 저/중/고 표시 가능)
　· **(주택을 제외한 건축물)** 읍·면·동·리까지 표시 가능, 층수 포함
② **면적** : 전용면적을 '제곱미터(㎡)' 단위로 표시해야 함
③ **가격** : **단일가격**으로 표시해야 함
④ **중개대상물 종류** : 건축법에 따른 건축물의 용도(단독주택, 공동주택, 제1종 근린생활시설 등)
⑤ **거래형태** : 매매/교환/임대차/그 밖에 권리 득실변경
⑦ **입주가능일** : '**즉시입주**' 혹은 입주 가능한 세부 날짜를 표시해야함
　· 거래당사자가 합의에 따라 입주가능일을 조정할 수 있는 경우에는 입주가능일 월의 초순, 중순, 하순으로 표시 가능
⑨ **행정기관 승인일자** : 사용검사일/사용승인일/준공인가일 중 선택하여 세부 날짜를 표시해야함
⑩ **주차대수** : 총 가능한 주차대수 또는 세대 당 가능한 주차대수
⑪ **관리비** : 관리비와 사용료를 명확히 구분하여 표시 해야함
⑫ **방향** : 방향의 기준과 함께 표시해야함(거실이나 안방 등 주실의 방향 기준)

※ 기타 자세한 사항은 '중개대상물의 표시·광고 명시사항 세부기준(국토부 고시 제2021-1488호) 및 가이드라인' 참고

- 1 -

※ 개업공인중개사가 인터넷광고 시, 올바로 명시한 사례(예시)

<중개대상물의 표시·광고 명시사항 작성 예시1 (건축물 기준) - 표 형식>

중개 사무소 정보	① 명칭	AA공인중개사사무소		
	② 소재지	BB시 CC동 DD건물 1층	④ 등록번호	가123456
	③ 연락처	02-123-4567	⑤ 성 명	김OO
매물 정보	① 소재지	EE시 FF동 00번지 GG아파트 00동 00층	⑦ 입주가능일	00년 00월 00일 또는 00년 0월 초순
	② 면적	전용면적 : 84㎡ (공급면적 113㎡)	⑧ 방수/욕실수	0개/0개
	③ 가격	0억 0천만원	⑨ 행정기관 승인일자	(사용승인일) 00년 00월 00일
	④ 중개대상물 종류	공동주택	⑩ 주차대수	세대당 1대 주차
	⑤ 거래형태	매매	⑪ 관리비	매월 4만원, 수도요금 및 전기요금은 실사용량에 따라 별도 부과
	⑥ 총 층수	총 00층	⑫ 방향	남향 (거실 기준)

<중개대상물의 표시·광고 명시사항 작성 예시2 (건축물 기준) - 줄글 형식>

<중개사무소 정보>
명칭 : AA공인중개사사무소
소재지 : BB시 CC동 DD건물 1층
등록번호 : 가123456
연락처 : 02-123-4567
성명 : 김OO

<매물 정보>
소재지 : EE시 FF동 00번지 GG아파트 00동 00층
면적 : 전용면적 : 84㎡ (공급면적 113㎡)
가격 : 0억 0천만원
중개대상물 종류 : 공동주택
거래형태 : 매매
총 층수 : 총 00층
입주가능일 : 00년 00월 00일 또는 00년 0월 초순
방 수/욕실 수 : 0개/0개
행정기관 승인일자 : (사용승인일) 00년 00월 00일
주차대수 : 세대당 1대 주차
관리비 : 매월 4만원, 수도요금 및 전기요금은 실사용량에 따라 별도 부과
방향 : 남향 (거실 기준)

※ 중개대상물의 종류(5가지)별 표시·광고 명시사항 구분 - 요약표

가. 공통 사항

○ 중개사무소 및 개업공인중개사의 표시·광고 명시사항(5가지)

– 상호, 소재지, 전화번호, 등록번호, 개업공인중개사 성명

나. 중개대상물 종류(5가지)별 명시사항 구분

○ 중개대상물의 표시·광고 명시사항 : 중개대상물 유형별 상이

– (토지, 5가지) 소재지, 면적, 가격, 중개대상물 종류, 거래형태

– (건축물, 12가지) 소재지, 면적, 가격, 중개대상물 종류, 거래형태, 총 층수, 입주가능일, 방 수 및 욕실 수, 행정기관 승인일자, 주차대수, 관리비, 방향

– (입목, 5가지) 소재지, 면적, 가격, 수종/수량/수령, 거래형태

– (공장재단/광업재단, 3가지) 소재지, 가격, 거래형태

구분	위반 내용	중개대상물 종류			
		입목	공장재단/광업재단	토지	건축물
①중개사무소 및 개업공인중개사	명칭	공동			
	소재지	공동			
	연락처	공동			
	등록번호	공동			
	개업공인중개사 성명	공동			
②중개대상물	소재지				
	가격	입목	공장재단/광업재단		
	거래형태			토지	
	면적				
	중개대상물 종류				
	총 층수				
	입주가능일				건축물
	방 수 및 욕실 수				
	행정기관 승인일자				
	주차대수				
	관리비				
	방향				
	수종/수량/수령	입목			

5절 **매물관리**

✎ 매물관리화면은 검색조건과 매물리스트로 구성되어 있다. 이 화면에서는 시군구별 단지별, 매물종류별, 거래유형별, 테마별, 방수별, 충수별, 지하철 노선별, 계약만료 등의 조건별로 검색이 가능하다. 홈스퀘어 직원들은 직원별 매물검색을 통해 본인매물을 관리할 수 있다.

매물관리 화면은 매물번호, 공개여부, 거래완료여부, 사진, 거래종류, 매물종류, 테마종류, 라벨종류, 주소, 매물상세정보, 금액, 조회수, 등록일자, 프린트, 비고의 메뉴로 구성되어 있다. 또한 관리용 메모가 있어 매물관리상 필요한 사항을 메모할 수 있으며, 매물 등록화면에는 비밀메모 기능이 있어 관리자와 직원 본인만 수정, 열람 가능하여 더욱 상세한 매물관리에 도움을 주는 기능이 있다.

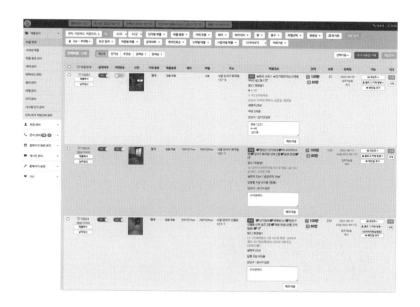

6절 매물수집- 단지매물

|||||||||||||||||||||||||||||||||||||||||||||||||||||||

✎　생활중개 상담을 하면 종종 우리 사이트에 우리 단지 매물이 하나도 없는데 어떻게 수입을 올릴 수 있나요? 라는 질문을 주시는 분들이 있다. 이에 대해서는 아래와 같은 원론적인 답변을 먼저 소개하고자 한다.

"네, 좋은 질문 감사합니다. 부동산 경험이 있으신 분으로 사료되어 직접적으로 말씀드립니다. 통상 부동산을 창업(개업)하면 어느 지역에서나 매물과 손님이 하나도 없는 상태에서 출발합니다. 이는 부동산사무소뿐만 아니라 카페를 하던, 스터디 카페를 하던 영업초기에는 손님이 없을 수 밖에 없는 것은 거의 모든 업종이 마찬가지입니다. 그래서 소위 밑작업이라고 하는 매물접수작업을 시작합니다. 우리 홈스퀘어도 역시 일반 부동산과 다를 바 없이 밑작업부터 시작합니다. 다만, 초기 밑작업은 본사가 주도적으로 시행하고 비용도 부담합니다. 광고작업에 대해서는 차후 자세한 안내가 나갈 예정이니 참고하시기 바랍니다. 처음부터 매물이 넘치는 부동산은 없으나 우리는 반값중개라는 홍보무기가 있고 앞으로 회사차원에서 전국적인 광고집행도 기획 중에 있습니다. 부업으로 시작한다고 생각하시면서 조금 시간이 지나다 보면 의외의 결과가 있을 수 있습니다. 3천 세대를 혼자서 하시게 되니 다른 부동산에 비해 영업 여건이 괜찮을 거라고 생각됩니다."라고 답변을 드리면 대부분 수긍하고 다음 단계로 넘어 가게 된다.

세상모든 이치가 그렇듯 밭도 갈고 씨도 뿌려야 수확기에 열매도 따는 이치와 하나도 다른 것이 없다. 생활중개는 자본이 들어가는 사무실을 오픈하는 것도 아니고 매달 임대료, 관리비가 나가는 것도 아니고 월급을 주는 것도 아니니 느긋한 마음으로 씨를 뿌린다는 심정으로 진행하다 보면 나도 모르게 하나둘씩 매물이 쌓이는 것을 경험하게 된다.

그러나, 아무런 광고나 홍보도 없이 누가 알아서 나에게 매물을 가져다 주는 것이 아니니 가장 적당한 광고방법을 찾는 것이 매물수집에 큰 도움이 됩니다. 본사 차원의 광고집행은 전국적인 TV광고, 라디오 광고 등이 있지만 아직은 시기상조라고 판단하고 있으며, 전국 조직이 갖추어지는 시점을 예상하고 있습니다. 그 외에도 본사 차원광고는 다양하게 준비되어 있으며, 체계적으로 집행하여 생활중개에 도움이 될 것입니다. 자세한 광고집행방법은 영업전략으로 본지에서는 생략한다.

생활공인중개사와 중개보조원의 개인차원의 광고는 본인의 노력에 비례하여 매물이 수집됩니다. 개업공인중개사라면 누구나 한다는 명함작업이나 DM발송, 우편함 투입 등 다양한 방법이 있으나 이미 입주민으로서의 친분관계에서 오는 매물도 종종 있다. 아파트 단지의 경우에 입주민은 광고비혜택이 있어 유리한 점이 많다.

7절 매물수집- 네트워크매물, 네트워크손님

▌ 네트워크매물

네트워크매물이란 나와 관계된 모든 인적관계, 친척, 친구, 지인, 각종 모임 등에서 나를 알고 있는 모든 관계에서 파생되어 나오는 매물이다. 예컨대, 친구 아들이 대학입시에 붙어서 내 집 근처 거주지를 물색하고 있다면 내가 도와줄 수 있는 네트워크손님이 되고, 지인이 가진 아파트가 내 단지에 있어 나에게 중개를 의뢰하면 네트워크 매물이 된다.

통상 부동산에 매물을 의뢰 할 때, 의뢰인이 선택하는 부동산의 기준은 부동산 사무실이 좋은 자리에 있거나 매물사이트에서 보니 나와 같은 매물인데 좋은 가격으로 등록이 되어 있거나 정도가 기준이다. 그래서 부동산은 좋은 자리에 개업을 하고자 하고 좋은 가격을 올려 놓음으로써 다른 의뢰인을 유도하는 기법을 사용하기도 한다. 물론 그 가격에 거래가 이루어 지지 않기에 다른 평균가격으로도 매물을 등록하고 최고가에도 등록을 하는 것이다. 마찬가지로 매수인을 유도하기 위해 낮은 가격을 등록하는 수법은 아주 고전에 속하는데, 요즈음은 이런 미끼 매물을 올리다가 자칫 허위매물로 신고 당해 영업정지 되는 사례가 많다.

홈스퀘어는 의뢰인 스스로 매물을 등록 가능하고 이를 관리, 수정, 철회하는 작업을 모두 스스로 할 수 있으므로 이런 허위매물에 대한 염려는 없다. 생활중개종사자는 주변 지인들에게 매물을 달라고 사정하는 방식이 아니고 매도할 의사가 있을 때 언제든지 매물을 등록하시라고 안내하는 방법을 가르쳐 주기 때문에 마케팅도 훨씬 부드럽다.

더구나 반값중개수수료에 대한 강력한 무기와 반값등기수수료까지 제공되므로 소비자는 이왕이면 저렴한 생활중개를 이용하기 주저하지 않을 것이고 입소문도 더해지기에 장점이 많다. 지인매물을 좋은 가격에 저렴한 수수료로 거래를 한다면 이어지는 거래 건도 분명히 계속적으로 위임할 가능성이 있다. 처음에는 다소 소극적이고 말하기 꺼려지겠지만 모든 일이 경험이 쌓이면 누구나 자연스럽고 훌륭하게 업무를 처리할 수 있다. 세상은 서로 돕고 살게 마련이다.

8절 본인매물도 수수료를 받는다

✎ 멀리 있는 물건도 내가 중개가 가능한가? 물론 가능하다. 혼자 하는 개업공인중개사라면 불가능한 일도 홈스퀘어 생활중개는 전국단위로 중개시스템이 구축되어 있고(있을 예정인 지역도 있다), 표준화된 시스템으로 움직이기 때문에 제주도에 있는 내 매물도 제주도 생활중개사의 도움으로 중개거래가 가능하고 이 경우에 내 매물이므로 수수료도 20% 받는다.

물론 내 매물을 제주도 현지 생활중개사가 손님을 붙여서 거래가 되었으니 나도 중개수수료를 지불해야 하지만(반값), 내가 지불한 수수료와 손님이 지불하는 수수료의 합계액의 20%를 다시 급여인 자기매물 수수료로 지급받게 된다. 내가 그냥 제주 현지중개사에게 의뢰했다면

100을 줄 것을 생활중개는 50만 주고도 자기매물수수료20%를 제하면 최종 30에 거래를 하는 셈이 된다. 일반 중개사에 비하면 70을 절약하게 되는 것이다.

9절 **손님을 소개해도 수수료가 있다**

✎ 우리나라 중개문화의 특징 중 하나가 공동중개라는 것이 있다. 즉, 어느 중개사는 물건을 가지고 있고, 어느 중개사는 손님이 있을 경우 손님이 있는 중개사(손님지)가 물건이 있는 중개사(물건지)에게 손님을 붙여도 되는지 의사타진(공동중개)를 하는 것을 말한다.

이런 경우 매물지 중개사는 공동중개를 할지 말지를 결정하여 즉시 대답하여야 한다. 왜냐하면, 손님은 항상 그 자리에 있는 것이 아니기에 손님지 부동산의 제안에 대하여 즉시 대답하여야 할 관례적인 의무가 있다. 만일, 나에게도 손님이 올 가능성이 있거나, 이미 예약이 되어 있다면 당연히 적당한 핑계로 공동중개를 거절할 것이다. 그러나, 만일 조만간 나에게 손님이 올 가능성이 없다고 판단되면 즉시 공동중개를 받아서 한쪽 수수료라도 받으려고 할 것이다.

이렇듯 매물만 가지고 있다고 해서 잘하는 것이 아니라 손님만 잘 유치해도 주변 공인중개사들의 매물을 활용하여 공동중개로 수수료수입을 올리기도 한다. 그래서 부동산은 매물을 잡고 있든지 손님을 잡고 있든지 둘 중에 하나는 잡고 있어야 수입이 생기는 것이다. 매물도 손님도 둘 중 어느 것도 내 매물, 내 손님이 아니면 이른바 교통 신세밖에 안 된다. 즉 매물지와 손님지를 연결하는 그야말로 교통정리만 하는 것이다. 수수료는 당연히 눈칫밥이다.

네트워크매물도 좋지만 네트워크손님은 더욱 좋다. 예를 들면, 부산에 친구 아들이 서울 숙소를 구한다고 부탁을 해오면 이런 방법이면 간단하게 거래가 성사된다. 우선 친구아들에게 마음에 드는 물건을 인터넷에서 찾은 다음 해당 중개사에게 전화하기 전에 전화하라고 한다. 그 다음에 파트너중개사를 통해 공동중개의사를 타진하고 공동중개를 한다고 하면 손님(친구아들)을 모시고 집을 보러 현장으로 가서 마음에 들면 거래를 완료한다.

이런 경우, 집 보여주기(매물지 중개사 몫), 자기손님, 계약서 작성(매물지 중개사 몫)까지 하였으니 기본보수 20%에 각각의 성과급을 더하여 최대한의 수수료 배당이 지급된다. 공동중개에서 손님을 가진 중개사는 그야말로 그야말로 손 안대고 코 푸는 정도로 수월하다.

10절 **생활중개 수수료 종류와 지급시기**

홈스퀘어 중개종사자는 매월 10일 전월 실적을 정산하여 월급을 받는다. 프리랜서개념으로 3.3% 원천세를 제하고 지급하며, 중개수수료 외에 부대수입도 함께 정산 지급한다. 생활중개사 외에 지역중개사, 중앙중개사의 경우에는 정규직으로 근무하는 경우 4대보험료를 제외하고 지급한다. 이 경우에 기본급에 한하며 개인 실적에 따르는 성과급은 3.3% 원천세 대상이다.

▌ 생활중개 보수체계와 수입원

• 중개보수

중개보수는 기본업무인 집 보여주기 20%, 추가수수료인 자기매물, 자기손님수당과 계약수당, 계약수당은 공인중개사에 한하고 공동중개 시 매물지에서 작성하더라도 계약수당 지급한다.

• 연결보수

연결보수는 대출, 보험, 청소, 도배, 인테리어, 주택임대관리, 빌딩관리 등 연결보수가 있다. 연결보수표는 세부적인 사항으로 내부 공개용임.

홈스퀘어는 부동산 건물관리전문기업들과 업무제휴가 되어 있어 임대관리, 건물관리가 지역에 신규 수주 시 생활중개와 연결하는 시스템을 가지고 있어 이를 통한 연결보수가 꽤 쏠쏠하다. 오피스텔 150세대 정도 규모 신규 건물관리 연결 시 매월 30만~50만 원의 연결보수가 지급되고 있다.

11절 **매물분석**

IIIIIIIIIIIIIIIIIIIIIIIIIIIIIIIIIIIIIIII

✎ 매물을 수집하고 나면 매물분석을 반드시 하고 난 후 매물광고를 한다. 매물분석은 법률적인 권리분석, 경제적인 시세분석, 환경적인 생활분석, 지리적인 위치분석, 개발계획, 미래가치분석 등 여러 가지 측면에서 종합적인 분석을 할 수 있다. 그러나 실무상 생활편의나, 위치의 가치, 미래가치 등은 시세분석에 수렴하므로 일단은 해당 매물이 중개거래의 하자가 될 수 있는 권리분석을 먼저 한다.

권리분석은 주로 부동산등기부등본을 이용하여 갑구에 기재된 소유권을 제한하는 압류, 가압류 경매 등이 기재되어 있는 지 여부와 을구에 기재된 지상권, 지역권, 전세권, 저당권, 임차권등기 등과 같은 권리설정의 존재여부를 확인하여 매매 시 말소 여부를 체크하여야 한다. 또한, 등기부등본에서 확인되지 않은 법정지상권, 유치권, 선순위 임차인 등도 분석에서 빠뜨리면 안 되는 중요한 중개거래 하자다.

권리분석은 중개거래에서 가장 중요한 하자사항이므로 중개사는 절대로 이를 간과해서는 안 되며 예컨대, 계약금을 수령함과 동시에 권리제한을 해제한다든지 하는 중개거래도 매울 위험한 거래이므로 가급적 매도인이 먼저 권리하자를 말소하고 중개를 하는 것이 좋고, 가급적 잔금을 빨리 하여 권리이전을 앞당기는 것이 중개사고를 예방하는 길이다.

12절 **매물광고**(네이버 매물 등록 방법)

✎ 매물을 접수한 이후 매물관리프로그램에 입력 후에는 네이버에 매물광고 등록작업을 하여야 한다. 통상 이 작업은 멘토인 파트너중개사가 전담하게 되어 있어 생활중개사는 업무부담이 없다. 네이버에 매물을 등록하는 이유는 전체 부동산 매물시장을 거의 독점하고 있어 반드시 네이버에 등록하여야 하고 상단에 위치하도록 작업을 하여야 한다. "검색되지 않는 것은 존재하지 않는 것이다."라는 인터넷 명언이 있다. 아무리 좋은 물건을 가지고 있는 들 다른 사람에게 광고되지 않으면 어떠한 거래도 일어나지 않는다. 여하간 좋든 싫든 일단은 네이버 상단노출을 목표로 등록작업을 하여야 한다.

현재 네이버에 매물을 등록하기 위해서는 개업중개사만이 가능하고 또한, 중간 단계인 제휴사를 거쳐서 매물을 등록할 수 있다.

※ 네이버부동산 제휴사 (가나다순)
공실 클럽, 교차로 부동산, 닥터아파트, 룸앤 스페이스, 매경부동산, 보는 부동산, 부동산 114, 부동산 렛츠, 부동산뱅크, 부동산서브, 부동산 포스, 산업 부동산, 선방, 스피드 공실, 알 터, 울산 교차로, 조인스랜드, 천안 교차로, 텐컴즈, 피터팬의 좋은 방 구하기, 한경 부동산

네이버에 등록하는 방법은 여러 중간매체를 이용하여 할 수 있는데, 여기서는 공실클럽을 이용하여 등록하는 방법을 소개한다.

◆ 네이버 매물등록하기◆

* 네이버매물관리센터 매물등록하기
매물등록시 유의사항을 다시 한번 읽어본다. 중개대상물의 표시.광고 명시사항 등.

* 위치/구조

* 가격

* 매물정보

1. 등기부등본(등기사항증명서)에서 확인되는 면적을 기준으로 검증을 진행합니다.
2. 등기상 집합건물 및 건물등기 매물 등록 시 전용면적이 검수 대상입니다. (공급/전용은 틀다 될수없습니다.)
3. 공부상 전용면적이 확인되는 매물의 경우 전용면적을 필수입니다.
4. 등록한 면적이 상이하여 불일치한 경우 재검증 기회 없이 검증실패되며, 결제는 복구되지 않습니다. (등기상 0.1m²라도 다를 경우 검증 실패 사유가 될 수 있습니다.)

* **매물정보(** ⚠ **기재시 반드시 정확하게!!~~)**
  매물정보등록시 주소시 등 정확한 기재가 필요하다. 건축물대장을 발급받아 표제부의 내용과 소유주의 내용을
  참고하여 정보 기재하면 편리하다.

• **매물정보**
1. 등기부등본(등기사항증명서)에서 확인되는 면적 기준으로 검증을 진행합니다
2. 등기상 집합건물 및 건물등기 매물 등록 시 전용면적이 검수 대상입니다. (공급/전용은 둘 다 불수집입니다.)
3. 공부상 전용면적이 확인되는 매물의 경우 전용면적은 필수입니다.
4. 등록상 면적이 상이하여 불일치될 경우 재검증 기회 없이 검증실패되며, 결제는 복구되지 않습니다. (등기상 0.1㎡라도 다를 경우 검증 실패 사유가 될 수 있습니다.)

대지면적(필수)		㎡	면적계 산기		평 =		㎡	• 정보를 입력 > 자동으로 ㎡로 변환
연면적(필수)		㎡	면적계 산기		평 =		㎡	• 정보를 입력 > 자동으로 ㎡로 변환
건축면적		㎡	면적계 산기		평 =		㎡	• 정보를 입력 > 자동으로 ㎡로 변환
총세대수	세대							
층(필수)	지상층 / 지하층							
⚠ 방향(필수)	선택 ▼ • 주방 출입구 기준				⚠ 방향기준(필수)	선택 ▼		
⚠ 건축물일자(필수)	유형 ▼	선택 ▼ 년 선택 ▼ 월 선택 ▼ 일						
⚠ 방수(필수)	개				⚠ 욕실수		개	
⚠ 총 관리비(필수)	원 [금액:-원] ◉ 없음				⚠ 관리비 포함내역	□전기 □가스 □수도 □인터넷 □TV		
⚠ 총 주차대수	대				⚠ 세대당 주차대수		대	
주차가능여부	불가능 ▼				내부구조	○ 단층식 ○ 복층식		
재건축/재개발	○ 해당없음 ○ 재건축예정지역 ○ 재개발예정지역							

* **시설정보와 입주일 (필요기재사항이 아니므로) 단,** ⚠ **입주가능일은 정확하게!!~~**

• **시설정보** • 전용면적 50㎡(등기부등본 상 전용면적이 확인되지 않을 경우 공급면적 50㎡/이하일 경우 [등록무릎방찾기]서비스에 동시 노출됩니다.

방구조	○ 오픈형 ○ 분리형
방특징	□신축 □풀옵션 □큰길가 □주차가능 □엘리베이터 □애완동물 □독립
난방방식	선택 ▼
난방연료	선택 ▼
냉방시설	□벽걸이에어컨 □스탠드에어컨 □천장에어컨
생활시설	□침대 □책상 □옷장 □붙박이장 □식탁 □소파 □신발장 □냉장고 □세탁기 □건조기 □샤워부스 □욕조 □비데 □싱크대 □식기세척기 □가스레인지 □인덕션레인지 □전자레인지 □가스오븐
보안시설	□경비원 □비디오폰 □인터폰 □카드키 □CCTV □사설경비 □현관보안
기타시설	□엘리베이터 □화재경보기 □무인택배함
방범창/베란다	□방범창 □베란다

• **입주일**

⚠ 입주가능일	◉ 즉시입주 ○ 입주가능일 선택 ▼ 년 선택 ▼ 월 선택 ▼ 일 선택 ▼ □ 협의가능

* **상세정보 기재는 메모장에 별도 양식을 만들어 놓은 폼으로 반복기재하면 좋을듯.**

◆ 홈스퀘어부동산중개법인입니다.1800-8716//010-6886-8716

◆ 네이버에서 홈스퀘어를 검색하여 보세요.

◆ 반값중개.반값등기로 진행하는 중개시스템입니다.
-홈페이지:https://homesquare.co.kr/
-임대관리:https://homesquareliz.co.kr/

* 상세정보는 사진을 최대한 신경써서 업로드/ 특이사항은 중개사 메모에 표기 (소유주가 반드시 전달하고 싶은 내용)

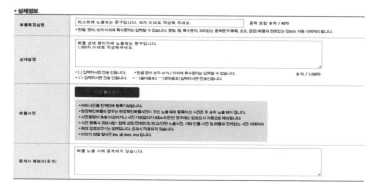

* 연락처노출은 선택된 연락처로만 공개해서 본사에서 대응할수 있게 일원화. 최종 등록하기 클릭하면 끝.

공실클럽에서 매물등록 후 해당 홈페이지를 참조하여 네이버로 전송
하면 네이버부동산에 등록됨.

7 PART

생활중개 실전 2

· 1절 전화응대

· 2절 현장안내

· 3절 가계약

· 4절 정계약

· 5절 중도금

· 6절 잔금

· 7절 각종 신고(실거래신고, 자금조달계획서신고, 임대차계약신고)

· 8절 입주 및 이웃되기

1절 **전화응대**

      ✎   과거 워킹 손님이 부동산사무소에 들러 상담을 하던 시대에서 오늘날 중개패턴은 이미 인터넷정보 사이트에서 충분히 검색을 마친 후 본인이 마음에 드는 물건을 등록한 부동산사무소에 전화를 하면서부터 응대가 시작된다. 젊은 세대에서는 오히려 전화보다 카카오톡이나 문자로 먼저 물건문의를 하는 경우도 점점 많아진다. 요즈음 세대는 전화로 음식을 주문하는 것 보다 어플리케이션에서 터치로 주문하는 데 더 익숙하다 보니 전화로 말하는 것이 어색해 하는 경우마저 있다.

그러나 아직도 부동산의 소유자 겸 임대인들은 아직 나이가 있는 관계로 전화가 훨씬 편하고 상대와 소통에도 적합하다. 거기에 방문상담도 같이 하는 경우도 아직 많다. 하지만, 부동산정보플랫폼이 고도화되고 사용하는 세대는 젊어지다 보니 중개사무소에서는 전화, 메신저, 문자 등 다양한 루트로 손님이 유입되므로 이에 대해 익숙해지는 것이 좋다.

가장 편리한 전화상담은 단지 부동산매물정보에 대한 정보접수에 그치지 않고 수차 전화통화를 하다 보면 저절로 친밀감과 신뢰가 쌓여 이른바, 단골개념도 생기는 좋은 소통도구이므로 준비된 전화상담 자세가 필요하다.

전화는 때와 장소에 관계없이 걸려올 수 있으므로, 어느 정도 준비된 멘트가 필요하다. 밝고 친절한 음성으로 전화를 받는 것은 기본이고, 잘못 들었을 경우 다시 한번 말씀을 요청하여 내용에 오류가 없어야 한다. 이름을 말하지 않는 경우에도 반드시 어떻게 불러드려야 할지 물어서 저장하는 습관을 길러야 한다. 가급적 전화에서 받은 인상과 물건정보를 간략하게 전화번호 저장 시 메모하는 습관을 들여 나중에 전화가 올 때 메모가 자동으로 뜨게 되면 대화가 이어지고 상대방도 본인을 기억하고 있어 좋은 인상을 남길 수 있다.

또, 자동녹음 기능을 사용하여 반드시 녹음을 해주는 것이 필요하다. 많은 말을 하다 보면 손님이 정확한 요구사항을 정리할 필요가 있는 데, 이때 녹음 기능을 활용하여 정리한다. 간혹, 손님조차도 자신이 한 말을 뒤집는 경우가 종종 있는 데, 이 경우 녹음을 잘 활용하여 기분 나쁘지 않게 확인시켜 줄 필요가 있다. 원래 모든 계약은 불요식 낙성계약이기에 말로 하는 계약도 구속력이 있다. 요즘은 녹음된 내용을 텍스트로 변환해주는 기능을 가진 프로그램도 있으니 활용하면 좋을 것이다.

아래는 사례별로 전화를 응대하는 예시이다. 케이스마다 본인의 멘트를 달리 활용하는 것도 좋은 방법이다.

〈전화응대 요령 예시〉

현재 상황	전화 응대요령 예시
전화가 왔을 때	네, 감사합니다. 홈스퀘어 부동산 ○○○ 중개사입니다. 무엇을 도와드릴까요?
두 번째 전화가 왔을 때	네, 안녕하세요. ○○○ 사모님(○○○ 사장님) 무엇을 도와드릴까요?

고객이 요청사항을 말하고 났을 때	네, 사모님. 매매(전세, 월세)를 놓아달라는 말씀이시죠? 잘 알겠습니다. 물건 접수되었으니 신속히 처리하겠습니다.
고객의 이름을 말하지 않을 때	사모님, ○○○ 사모님(사장님)이라고 불러드릴까요? 존함을 어떻게 불러드릴까요?
잘 안 들리는 경우	죄송합니다만, 다시 한번 말씀해주시겠습니까?
통화 중에 전화가 오는 경우	네, 안녕하세요. 지금 제가 통화 중인데 바로 전화드려도 될까요?
통화 중 대기 전화 통화	네, 사모님 오래 기다리게 해서 죄송합니다. 무엇을 도와 드릴까요?

▌ 대화의 기본– 경청

중개를 잘하는 중개사들은 손님의 말을 경청하는 중개사다. 그야말로, 손님이 무엇을 원하는지 세심하여 듣고 이를 잘 이해하여 손님의 마음에 다가가는 중개를 하기 때문에 클로징도 원활하게 이루어진다. 손님은 동쪽을 말하는데 중개사는 서쪽을 얘기하면 손님은 이미 마음의 문을 닫기 시작한다. 현재 본인이 가지고 있는 매물이 동쪽매물이 없어도 먼저 서쪽매물을 들이대는 우를 범하면 안 된다.

대부분의 손님들은 이미 본인이 원하는 매물의 기준을 가지고 중개사와 대화를 하고 대화하는 와중에 본인의 선택이 맞는지 확인하는 경우가 많다. 따라서, 손님의 말을 잘 듣고 있으면 이미 손님이 원하는 물건

종류와 가격, 기타 조건들이 하나하나 술술 나오게 되어 있으니 말을 막고 자신의 주장을 먼저 떠벌리는 우를 범하지 말아야 한다.

2절 **현장안내**

✎ 생활중개의 핵심은 현장안내에 있다. 현장 단지아파트에 실제로 거주하는 중개사가 단지매물을 소개하고 현장안내를 한다면 대부분 손님들은 신뢰를 가지게 된다. 일단 가격이나 시세분석은 이미 손님들이 사전에 부동산정보 사이트를 통하여 익혀서 오는 경우가 대부분이기에, 집을 보러 오는 일은 대부분 매물의 구조와 현재상태를 확인하러 오는 것이다. 또한, 단지 내 편의시설, 운동시설, 주차시설 등 부동산정보지에서는 확인하기 힘든 생활정보를 눈으로 확인하는 과정이다.

생활중개사가 가장 자신의 특기를 살릴 수 있는 과정이 현장안내로 수년간 해당 아파트에서 살아온 경험으로 실제 주민의 입장에서 별도 공부하지 않아도 청산유수같이 설명이 가능한 부분이기도 하다. 더구나 이런 경험에서 나오는 정보는 새로운 주민이 될 지 모르는 손님에게 하는 것이기 때문에 정확한 정보를 전달할 책임감이 따르게 되어 있다.

생활중개부업을 지원하는 많은 지원자 중에는 이렇게 본인 단지에서 짧게는 수 년에서 십 수 년을 살아오며 가지고 있는 풍부한 경험이 바탕이 되어 있기에 쉽게 생활중개를 선택할 수 있다고 한다. 일부 지원자는 그 단지에서 40년을 살아왔다면서 누구보다도 자신감을 가지고 생활중개를 할 수 있다고 말하기도 한다.

■ 현장안내 요령

요즈음은 집을 보여주러 갈 때 중개사무소에서부터 손님을 모시고 같이 출발하여 해당매물로 가는 경우도 있지만, 단지 규모가 크거나 지하주차장에서 부동산사무소를 찾기 어렵거나 번거로운 경우, 아예 해당 매물 동 입구에서 손님을 만나 엘리베이터를 타고 바로 올라가는 일도 많다. 이때, 공동중개의 경우에는 아예 매물지 부동산에서 그제야 동을 오픈하기도 하기 때문에 손님이 오는 것이 확실해야 해당 동에서 만나는 경우도 있다. 현장안내 전에 매도인이나 임차인이 있을 경우 임차인과 반드시 시간조정을 하여야 한다. 그리고, 방문이 임박한 시간에 다시 한번 전화로 확인을 하여 실수가 없어야 하고, 식사 시간에는 환기를 부탁하는 것도 요령이다.

집을 보여주는 것도 순서를 정하면 좋다. 현관에서 거실로 주방, 뒤 베란다, 욕실 방 순으로 하면 무난하고 뷰가 좋거나 인테리어가 좋은 부분을 강조하여 맨 나중에 다시 한번 강조하는 것을 잊지 말아야 한다. 특히, 다른 집에 비해 인테리어나 리모델링이 된 부분은 빠지지 않고 강조하는 것도 좋다. 아울러, 현재 임차인이 새집으로 이사 가는 정보가 있으면 잘 돼서 가는 집이란 말도 세입자에게는 좋은 인상을 가지게 되는 포인트다. 부자 되는 집이란 말은 누가 들어도 기분이 좋지 않겠는가?

요즈음은 반려동물과 같이 사는 집이 많으므로 가급적 집 보는 데 방해가 되지 않는 주의가 필요하다. 간혹 동물을 무서워하는 경우 동물에 이미지가 강렬하여 정작 집은 못 보는 경우도 있으니 미리 주의를 하는 것이 좋다. 반려동물을 좋아하는 사람들끼리는 오히려 좋은 인상을 가지는 경우도 있다. 반려동물로 인한 벽지 훼손이 있는 경우 반드시 도배 문제를 매도인과 사전 조율을 하여야 하는 것도 잊지 말아야 한다.

이런 경우 보통 손님은 하나의 매물을 선정해서 오는 경우가 대부분이므로, 중개사무소에서는 그 매물이 마음에 들지 않은 경우를 대비하여 두 개 정도 비슷한 조건의 예비 매물을 확보하여 손님을 맞이 하는 것이 좋다. 해당 집이 불발이 될 경우 곧 바로 예비 매물로 설명하여 손님을 유도하고 잠시 부동산사무소로 가서 차 한 잔을 마시며 다음 번 매물 출발이 가능하게 빠르게 시간 조율을 마치고 손님이 지루해하지 않도록 하는 것이 중요하다. "어렵게 나오신 만큼 하나라도 더 보고 가시는 게 좋지 않겠는지." 하는 멘트를 활용하여 다시 나오는 불편함을 상기시키면 시간을 조정하는 데 도움이 된다.

여러 집을 보다 보면 결정장애가 생기는 경우가 왕왕 있다. 이런 경우 중개사는 물건을 심플하게 비교할 수 있는 판단요소로 정의를 하여 손님에게 제시하면 좋다. 가령, 첫 번째 집은 가격은 괜찮은데 층이 낮고, 두 번째는 층은 좋은 데 가격이 좀 비싸고, 세 번째는 가격과 층은 그런대로 괜찮은데 도배장판이 맘에 안 든다. 이럴 때, 조건 중에 층을 고정하고(낮은 층 제외) 나머지 둘 중에 선택할 수 있게 "집주인에게 도배장판을 해달라고 해보겠다."라든지, "도배장판을 세입자가 할 테니 세를 좀 낮춰 달라던지." 하는 제안을 하면서 조정을 하면 의외로 해결책이 보인다.

한 번에 네 집 이상을 보여주면 필히 결정하는 게 어려움을 겪는다. 같은 평형 내에서 해결하고 가급적 평수를 바꾸는 것은 모든 조건을 새로 짜야 하므로 삼간다. 층수, 타입과 방향으로 물건을 집중하도록 하는 것이 좋다.

현장안내를 마친 후에 보통 손님은 "연락 드릴게요." 하고 자리를 떠나는 데, 이때 잊었다면 종이 명함을 건네고 "네, 연락주세요." 하고 담담하게 배웅을 하는 것이 좋다. 다시 오시면 좋은 물건을 구해 놓겠다든지 하는 멘트로 또다시 결정에 장애요인을 만들면 안 된다. 오늘 보여준 물건이 가장 최선임을 강조하고 손님에게 더 이상 여지를 남기지 않도록 좋은 물건을 몇 개를 준비하고 선택을 기다리는 게 중요하다. 만일, 손님이 먼저 오늘 거 말고 한 번 더 찾아 연락을 달라고 하면 그때는 시간을 좀 달라고 하여 놓고 물건을 수배하는 시간을 벌어야 한다.

3절 **가계약**

✎ 가계약은 말 그대로 정식계약 전에 임시로 계약을 정하는 것을 말하고, 법률용어는 아니지만 근래 부동산 계약의 상당 부분은 가계약을 먼저 한다. 핸드폰이 상용화되면서 나타난 현상이며, 일단 정계약이 되기 전에 임시로라도 조금의 계약금을 주고 받으면서 정계약으로 가는 수단도 되기에 중개사들이 적극 권하고, 거래당사자도 이로 인하여 마음을 굳혀 정계약을 하게 된다.

가계약의 절차는 아래와 같다. 작성 전 등기부등본을 먼저 발급하여 권리확인을 하고 등본을 매수자에게 문자와 함께 파일 발송한다.

1) 가계약서 작성

- 매도인, 매수인의 성명 연락처 입금 계좌(매도인)를 확인한다.
- 가계약금 100만~1,000만 원(거래금액이 고가인 경우 1억 원)
  가계약금이 많으면 계약파기가 어려운 점을 매수인에게 고지하여 고액
  입금 가능
- 특별한 특약 있는 경우 병기

2) 가계약서 문자 발송 및 동의여부 확인

- 가계약 문구와 함께 이에 동의하는지 여부 확인
- "동의합니다." 문자 보내주세요

3) 거래당사자 동의

- 매도인(임대인) 동의문자 수신 시: 입금계좌 요청문자 발송(본인계좌 확인)
- 매수인(임차인) 동의문자 수신 시: 입금계좌를 발송하고 입금요청 및
  입금문자 요청

〈가계약문자 발송 순서〉

매도인(임대인)	매수인(임차인)
가계약내용발송 동의요청 계좌번호요청(본인) 입금확인요청	가계약내용발송 동의요청 계좌번호발송 및 입금요청 입금 매도자(임대인)입금확인 문자

〈가계약문자내용 예시〉

[아파트 매매계약 내용]

1. 물건소재지

서울시 송파구 문정동 000번지 00아파트 101동 801호

2. 당사자

매도인(소유자): 홍 길 동
매수인(임차인): 심 청 이

3. 계약내용

1) 매매금액: 800,000,000원
2) 계약금: (계약금 중 일부 5,000만 원은 2022년 0월 00 금일 이체 예정)
3) 중도금: 2022년　월　일 (협의. 원) 합의 또는 생략함
4) 잔금일: 2022년　월　30일(또는 추후결정)
5) 융자금액: 없음
6) 현임차인 잔금 전 명도조건

4. 기타사항

1) 2022년 월 일 현재 임차인 거주 중이며 매수인은 금일 현장 확인 후 계약임
2) 현시설 상태 계약임
3) 매수인은 변경 가능하다

5. 매도인 매수인 변심 시

매도인(임대인)은 받은 금액의 배액을 배상하고, 매수인(임차인)은 계약금을 포기하는 조건으로 해지 가능함

위의 내용에 동의하시면 매도인은 소유자 계좌번호 보내주시고,
매수인은 매도인 계좌로 입금하시고 입금문자 부탁드립니다.

2022년 0월 0일
홈스퀘어부동산 중개법인 공인중개사 ○○○
010-0000-0000

4절 **정계약**

░░░░░░░░░░░░░░░░░░░░░░░░░░

✎ 가계약시 정한 정계약 날짜가 다가오면 통산 2~3일 전 거래당사자에게 주의를 환기시킬 겸 간단한 전화통화를 하며 미리 준비할 사항을 문자로 보내겠다고 알린다. 거래 당사자의 인적 사항을 주민등본상 주소지를 보내줄 것과 본인이 올 것인지, 혹시 대리인이 올 것인지 확인하여 대리인이 올 경우 대리인증명서류(위임장, 인감증명, 소유자 신분증 사본, 소유자 통장사본)을 지참하도록 한다. 매수인의 경우에도 같은 사항을 확인하고, 당일 계약금 이체에 지장이 없도록 1일 이체한도 등을 점검하도록 미리 알린다.

매도인(임대인)에게 보내는 문자

안녕하세요, 홈스퀘어부동산 중개법인입니다.
지난 2022년 0월 0일에 가계약하신 부동산 정계약일이 모레인 2022년 0월 0일이오니 아래와 같이 준비사항을 미리 알려드립니다.

1. 매도인(임대인) 주민등본상 주소지와 주민번호를 오늘 미리 보내주세요.

2. 당일준비서류목록

    1) 신분증(주민증, 또는 운전면허증)
    2) 등기권리증
    3) 통장사본
    4) 도장
    5) 영사관발급위임장(해외 거주 시)

---

1) 계약 당일 업무처리 요령

(1) 본인확인: 주민증(민원24시), 면허증(안전운전통합민원) 신분증 진위확인은 자연스럽게 신분증을 받아서 인터넷으로 확인하고 계약서 초안 작성이 완료되어 상호 검토 시에 신분증도 자연스럽게 건네서 본인확인 절차를 거친다.

(2) 당일자 등기부등본 발급하여 가계약 이후 권리관계변동 여부 확인한다. 건축물대장, 토지대장, 토지이용계획확인원 등을 당일 발급받아 중개대상물 확인설명서 작성 시 참고한다.

(3) 거래계약서를 작성한다

중도금 액수와 지급일자, 잔금일을 협의하여 금액을 확정하고, 특약사항을 정리하여 기재한다. 중개대상물 확인설명서도 작성하고 중개사는 계약서에도 서명 및 날인과 확인설명서에도 서명 및 날인하는 것을 잊으면 안 된다.

(4) 중도금액수 결정방법

통상 매매계약은 계약금 10%, 중도금40%, 잔금 50%가 일반적이지만, 융자가 있는 경우에는 매매가에서 융자금을 제한 금액의 10%, 40%, 50%로 진행한다. 다만, 융자금이 소액인 경우에는 가급적 계약금은 매매가의 10%을 지급하고 중도금을 조정하는 방식을 사용한다. 통상 계약금은 매매가의 10%가 일반적이기 때문에 소액융자 때문에 매도인의 기분을 상하게 할 필요는 없다.

(5) 계약서 검토 및 수정

계약서 초안을 검토하게 하여 수정사항이 있다면 상호 원만한 합의를 유도하여 구두로 합의한 후 계약서 수정하고 출력 후 "지금부터 계약내용을 설명하겠습니다."라는 선언과 함께 차분하게 계약서 주요내용을 낭독해 나간다. 이어 확인설명서도 낭독하고 이상 유무를 확인한다.

(6) 도장 및 서명날인

도장은 중개사가 도장을 받아서 차분하게 매도인, 매수인, 중개사 순으로 날인한다. 중개사는 서명 및 날인한다. 중개대상물 확인설명서도 같이 서명 및 날인한다.

(7) 개인정보이용동의서 사인

거래계약서 날인하는 동안 개인정보동의서를 각자 사인하도록 한다.

(8) 계약금 입금

계약서 작성이 완료되면 계약금 입금을 안내하고 매도자에게 입금 여부 확인을 받는다.

(9) 영수증 교부

계약금 및 가계약금이 표기된 영수증을 작성하여 매수인에게 교부한다. 이때, 영수증에 매도인의 도장을 날인하여 교부한다.

(10) 계약서파일 교부

계약서, 확인설명서, 영수증, 공부, 개인정보이용동의서, 공제증서를 매수인, 매도인에게 교부한다. 영수증은 매수인에게만 교부한다.

(11) 계약종료 선언 및 간단 인사

계약서 파일을 교부하면 곧 바로 일어나서 "두 분 모두 좋은 거래 축하드리고 부자 되세요." 덕담을 나누고 '곧바로' 배웅한다. '곧바로'가 중요하다.

(12) 실거래 신고는 가계약일로부터 30일 이내 신고한다. 이때, 매수인의 자금조달계획서도 같이 신고한다. 그러므로, 계약종료 후 매수자 분께 자금조달계획서 양식을 보내드린다고 고지하고 양식을 바로 송부하여 최대한 자료를 빨리 받아서 같이 신고한다.

5절 중도금

✎ 중도금일자 2~3일 전에 미리 중도금 날짜임을 상기시키는 문자를 매수자에게 발송하여 차질이 없도록 유도한다. 중도금 당일에는 입금 여부를 확인하여 이를 매도인에게도 전달한다.

매도인(임대인)에게 보내는 문자
안녕하세요, 홈스퀘어부동산 중개법인입니다. 오늘은 2022년 0월 0일에 계약하신 부동산 중도금 일자입니다. 중도금이 입금되면 입금되었다는 문자 부탁드립니다. 감사합니다. 오늘도 좋은 하루 되세요.

매수인(임차인)에게 2~3일 전 보내는 문자
안녕하세요, 홈스퀘어부동산 중개법인입니다. 지난 2022년 0월 0일에 계약하신 부동산 중도금이 모레인 2022년 0월 0일이오니 중도금 입금 시 입금 문자를 보내주시면 감사하겠습니다. 오늘도 좋은 하루 되세요.

중도금입금이 늦어지는 경우 매수인에게 사정을 물어 입금 날짜를 약속받는 문자를 받아놓은 것이 좋다. 이 경우에, 매도인의 양해를 미리 구할 필요없이 매수인의 약속을 받아 놓고 기다리는 것이 좋다. 다만, 매도인에게는 약속일자가 온 문자를 보내주고 약속을 지키는지 지켜볼 것을 권한다. 중도금 일자 며칠 늦었다고 성급히 계약을 파기하는 것은 피하여야 한다. 그러나, 집값이 급격히 상승 시기에는 매도인의 결정을 확인하는 것이 좋다.

6절 **잔금**

1) 잔금일 10일 전에는 반드시 계약자와 통화

통화로 기일을 고지하고 미리 준비할 사항은 문자로 발송한다는 통화를 한다. 이때, 잔금 치르는 데 별다른 문제가 있는지 문의하여 미리 문제발생요인을 파악하고 잔금일 전 해소가 가능한지 판단한다.

2) 매수자 통화

잔금 준비에 이상이 없는 지를 체크하고 당일 대출이 일어날 경우 어느 은행인지, 얼마를 빌리는 지 확인한 후 은행 법무사가 미리 사무실에 도착하도록 안내한다. 1일 이체한도를 확인하고 증액을 요청한다.

3) 매도자 통화

매도자에게는 매수인이 잔금준비가 되었다는 것을 알리며, 매도인 준비서류를 안내할 문자를 발송한다고 알린다.

〈잔금 전 문자발송〉

매도인(임대인)에게 보내는 문자

안녕하세요, 홈스퀘어부동산 중개법인입니다.
2022년 0월 0일 00시는 계약하신 부동산 잔금일입니다. 매도인께서 준비하실 서류를 안내하여 드립니다.
 	
[매도인 준비서류]
 	
1. 매매계약서
2. 등기권리증
3. 신분증
4. 인감도장
5. 매도용 인감증명서(매수인 성명, 주민번호, 주소 기입된)
  · 매수인 성명: 심청이
  · 주민번호: 000000-0000000
  · 주소지: 서울시 송파구 문정동 00번지, ○○아파트 101동 000호
6. 주민등록초본(전 주소 이력)
7. 대출상환은행, 잔액 확인
8. 열쇠 세트, 리모컨 등 비품가방
  · 공동명의인 경우 각각 동일하게 서류준비
 	
감사합니다.
오늘도 좋은 하루 되세요.

매수인(임차인)에게 보내는 문자

안녕하세요, 홈스퀘어부동산 중개법인입니다.
2022년 0월 0일 00시는 계약하신 부동산 잔금일입니다. 매수인께서 준비하실 서류를 안내하여 드립니다.

[매수인 준비서류]

1. 매매계약서
2. 신분증
3. 도장
4. 잔금대출 시 은행명, 대출금 이외 잔금현금송금 준비(1일이체한도, 1회이체한도 한도하여 증액)
5. 주민등록초본(전 주소 이력)
   · 공동명의인 경우 각각 동일하게 서류준비

감사합니다.
좋은 하루 되세요.

4) 임차인 통화

임차인이 잔금일에 이사를 나가는 경우에는 임차인도 잔금시간 말미에 사무소에 와서 임차보증금을 반환하는 절차를 진행한다. 이 경우 매수인은 잔금을 임차인이 아닌 매도인에게 송금하고 매도인이 임차인에게 반환하도록 한다.

5) 관리실 통화

잔금일 2일 전에 관리사무소에 전화하여 관리비 중간정산을 요청한다. 관리사무소는 휴일에는 근무를 하지 않으니 평일에 미리 요청하여 팩스(관리실은 팩스 사용)를 받아서 확인한다. 매도인은 선수관리비는 반환받고 장기수선충당금은 매도인 거주 시에는 계산 제외, 임차인 거주 시에는 임차인이 낸 장기수선충당금을 임차인에게 정산 반환한다.

관리비 정산의 경우 매매대금과 별개의 양식을 사용하여 헷갈리는 일이 없게 하고 송금도 정산합계 금액이 아니라 장기수선충당금 얼마, 선수관리비 얼마, 중간정산 관리비 얼마 식으로 건별 송금하도록 한다.

6) 준비서류 점검

중개사는 잔금일 등기부등본을 발급 확인하고, 계약서, 총영수증, 관리비정산서, 국토부 거래계약신고필증(매매)을 미리 준비하여 둔다.

7) 잔금절차 개시 선언

거래당사자가 모두 참석하면 바로 잔금절차를 시작한다고 멘트를 하고 "금일 매수인은 잔금을 얼마 매도인에게 지급하면 매도인은 등기이전서류를 교부하고, 관리비 정산을 하면 끝납니다."라는 가벼운 기분으로 시작을 유도한다. 매도인의 준비서류를 먼저 건네받아 살펴본 후 법무사에게 전달하여 등기이전에 이상이 없는지, 또 은행법무사가 잔금이행 및 잔금서류에 이상이 없음을 확인하도록 한다.

위와 같이 준비서류와 관리비정산금액이 상호 확인이 끝난 다음에 매매잔금이체와 관리비정산금액을 이체한다. 잔금입금 확인이 완료되면 이어서 관리비 중간정산표를 교부하여 건별 입금하도록 한다 이때, 미리 준비한 영수증(전체금액 영수증)을 교부하고 기존에 발행한 계약금, 중도금 영수증은 받아서 폐기한다. 영수증에는 매도인 도장을 날인한다.

매매 시 국세기본법에 따라 인지세는 매수자가 납부하고 종이문서용 전자수입인지를 첨부한다. 계약체결 시 특약으로 기재하고 계약당일 납부하여야 하나 실무상 잔금 때 하는 경우가 많다.

8) 법무사 서류 전달

매수인법무사는 기존 매도인 대출이 있다면 매수인의 자체자금 또는 대출실행자금 중 말소에 필요한 금액을 송금하게 되는데, 매도인 은행으로 송금(잔금대체)하고 매도인 은행 말소서류를 받은 다음, 매도인이 준비한 소유권이전서류를 가지고 등기소에 소유권이전과 저당권설정을 동시에 진행한다. 국토교통부 부동산거래관리시스템에서 발급받은 거래 신고필증(가계약일로부터 30일 이내 발급) 전달하여 이전서류에 첨부한다.

9) 열쇠 등 물품 인수인계

모든 금원 정산이 마친 뒤에 열쇠세트, 각종 매뉴얼세트, 에어컨리모컨, 전등리모컨 등 입주 당시 수령 비품가방을 통째로 인수인계하고 개수를 확인한다. 매수인은 비품세트를 받은 후 사진으로 찍어 두고 신규 임차인에게 전달하거나 중개사무소에 맡겨 놓기도 한다.

10) 중개보수 수령

계약이 종료되면 홈스퀘어는 반값중개이므로 수수료를 수수하는 게 상호 어려움이 없다. 일반 부동산은 중개료 할인 등을 가지고 보이지 않는 기싸움을 하기도 하지만 홈스퀘어는 중개수수료 수수할 때 오히려 웃음꽃이 핀다. 더구나 반값등기까지 진행하게 되면 더욱 즐겁게 마무리가 되는 것이다. 물론, 중개수수료 현금영수증은 누구로 할지 물어보고 본사에 전달하면 처리해준다.

7절 각종 신고(실거래신고, 자금조달계획서신고, 주택임대차계약신고)

▌ 부동산거래신고

매매신고(실거래신고)

매수인 및 매도인(이하 '거래당사자'라 함)이 다음의 부동산 또는 부동산을 취득할 수 있는 권리에 관한 매매계약을 체결한 때에는 일정한 사항을 거래계약의 체결일(가계약을 체결한 경우에는 가계약 체결일)부터 30일 이내에 동산(권리에 관한 매매계약의 경우에는 그 권리의 대상인 부동산) 소재지의 관할 시장·군수 또는 구청장에게 공동으로 신고하거나 국토교통부 부동산거래관리시스템(http://rtms.molit.go.kr)을 통해 신고해야 한다. (부록 참조. 부동산거래계약신고서)

부동산 개업공인중개사가 매매거래계약서를 작성·교부한 때에는 해당 부동산 개업공인중개사가 위에 따른 신고(공동으로 중개하는 경우에는 공동으로 신고)를 해야 한다. 이 경우 거래당사자는 신고의무가 없다. 잔금일이 통상 30일 이후이므로 중개사는 실거래신고를 한 후 부동산거래신고필증을 반드시 출력하여 보관하였다가 잔금 시 소유권이전등기서류에 추가하여 법무사에게 전달한다. 전자시스템으로 신고하지 않는 경우는 시군구청에 방문하여 신고 접수한 후 담당자에게 연락하여 미리 신고필증을 교부받아 놓는다.

자금조달계획서 같이 신고

매매인 경우 대상 지역에 따라 매수자는 자금조달계획서를 제출하여야 한다. 양식 및 증빙서류 안내를 하고 일주일 이내에 작성하여 줄 것을 요청한다.

(1) 자금조달계획서 제출대상(2020. 10. 27. 이후 계약)
 − 투기과열지구소재주택
 − 조정대상지역 소재 주택
 − 비규제 지역 6억 원 이상 주택
 − 법인매수주택

(2) 자금조달 증빙서류 제출대상(2020. 10. 27. 이후 계약)
 − 투기과열지구 소재주택

(3) 항목별 증빙서류 예시

자금조달계획서 기재 항목	제출 증빙서류
금융기관 예금액	예금잔액증명서 등
주식·채권 매각대금	주식거래내역서, 예금잔액증명서 등
증여, 상속	증여·상속세 신고세, 납세증명서 등
현금 등 그 밖의 자금	소득금액증명원, 근로소득원천징수영수증 등
부동산 처분대금 등	부동산매매계약서, 부동산임대차계약서 등
금융기관 대출액	금융거래확인서, 부채증명서, 금융기관 대출신청서 등
임대보증금 등	부동산임대차계약서
회사지원금·사채 등	금전을 빌린 사실과 그 금액을 확인할 수 있는 서류
그 밖의 차입금	금전을 빌린 사실과 그 금액을 확인할 수 있는 서류
※ 제출 시점에 항목별 금액 증명이 어려운 경우에는 그 사유서를 첨부	

임대차계약 신고

임대차 신고제는 임대차 계약 당사자가 임대기간, 임대료 등의 계약내용을 신고하도록 하여 임대차 시장 정보를 투명하게 공개하고 임차인의 권리를 보호하기 위하여 「부동산 거래신고 등에 관한 법률」 개정(2020. 8. 18.)으로 2021. 6. 1.부터 시행하였다.

1. 신고의무: 임대인+임차인이 계약 체결일로부터 30일 이내에 공동신고가 원칙이나 신고편의상 계약자 중 1명이 계약서를 제출하는 경우 공동으로 신고한 것으로 간주하여 공인중개사 등의 대리신고도 가능함

2. 신고주택: 주택임대차보호법상 주택

3. 신고대상: 대통령령으로 정하는 지역에서 대통령령으로 정하는 금액을 초과하는 계약
   * 신고 지역은 수도권(서울, 경기도, 인천) 전역, 광역시, 세종시, 제주시 및 도(道)의 시(市) 지역(도 지역의 군은 제외)
   * 신고금액은 임대차 보증금 6천만 원을 초과하거나 또는 월차임 30만 원을 초과하는 임대차 계약
   * 신규, 갱신계약 모두 신고하여야 하며, 다만 계약금액의 변동이 없는 갱신계약은 신고대상에서 제외

4. 신고효과: 확정일자부여

5. 신고관청: 시군구청 → (조례로 위임 허용) 읍면동 및 출장소

6. 신고서 작성방법: 별지 부록양식 참조

7. 위반 시 제재: 미신고 또는 거짓신고 시 100만 원 이하의 과태료

8절 입주 및 이웃되기

　　✎　잔금이 모두 원만하게 끝나고 나면 당일 이사하는 경우에는 입주절차가 남아 있다. 생활중개사의 활약이 빛을 발하는 순간이기도 하다. 시간이 허용되는 대로 이사로 바쁜 매수자를 안내하여 관리사무소 방문으로 입주계약서 작성을 도와주고 차량등록 등 절차를 도와준다면 매수인은 (임차인) 안 그래도 바쁜 와중에 감사한 마음을 가지게 된다.

　　이사 당일은 여러모로 바쁘므로 시간이 좀 지나 정리가 된 후에는 자그마한 화분 정도의 선물을 들고 방문하는 것도 고객관리의 요령이다. 이때, 유용한 생활정보를 정리한 자료를 준비하여 주면 더욱 금상첨화가 될 것이다. 차 한 잔을 들면서 집을 칭찬하고 가끔 만나자고 하면 이래저래 입주민끼리 영업적인 친분이 아니라 절친한 입주민이 될 수도 있다.

　　이후에는 분기 또는 반기마다 매물작업 시 사용하는 단지부동산시세표를 정기적으로 보내주어 항상 관심을 가지고 있다는 인상을 주는 것도 좋은 방법이다. 부동산거래관계를 떠나 진정한 이웃으로 같이 살아가는 사이 좋은 관계가 되면 좋은 시간을 많이 가질 수 있을 것이다.

　　생활중개는 단순한 부동산 중개거래가 아닌 이웃 맺기 좋은 방법 중에 하나로, 생활의 활력과 즐거운 삶으로 연결 될 수 있는 재미있는 부업으로 이미 많은 분들이 자기 단지를 골라서 도전하고 있고 보람을 느끼고 있다. 내일의 부동산 홈스퀘어 생활중개를 소개하였습니다. 생활중개에 관심이 있는 분은 홈스퀘어 홈페이지를 참고하시면 되겠습니다.

부록

1. 양식

1) 전속중개계약서(매도, 매수, 임대, 임차, 그 밖의 계약)(공인중개사법 시행규칙)

2) 부동산거래계약 신고서(부동산 거래신고 등에 관한 법률 시행규칙)

3) 부동산거래계약 신고필증(부동산 거래신고 등에 관한 법률 시행규칙)

4) 주택취득자금 조달 및 입주계획서(부동산 거래신고 등에 관한 법률 시행규칙)

5) 주택 임대차 계약 신고서(부동산 거래신고 등에 관한 법률 시행규칙)

6) 주택 임대차 계약 신고필증(부동산 거래신고 등에 관한 법률 시행규칙)

7) 국토교통부 「공인중개사 자격제도 개선을 위한 연구」 제안요청서 발췌

2. 중개업무 참고 사이트

■ 공인중개사법 시행규칙 [별지 제15호서식] <개정 2021. 8. 27.>

전 속 중 개 계 약 서

([ ] 매도 [ ] 매수 [ ] 임대 [ ] 임차 [ ] 그 밖의 계약(   ))

※ 해당하는 곳의 [ ]란에 ∨표를 하시기 바랍니다.

(앞쪽)

중개의뢰인(갑)은 이 계약서에 의하여 뒤쪽에 표시한 중개대상물의 중개를 개업공인중개사(을)에게 의뢰하고 을은 이를 승낙한다.

1. 을의 의무사항
  ① 을은 갑에게 계약체결 후 2주일에 1회 이상 중개업무 처리상황을 문서로 통지하여야 한다.
  ② 을은 이 전속중개계약 체결 후 7일 이내 「공인중개사법」(이하 "법"이라 한다) 제24조에 따른 부동산거래정
     보망 또는 일간신문에 중개대상물에 관한 정보를 공개하여야 하며, 중개대상물을 공개한 때에는 지체 없이 갑
     에게 그 내용을 문서로 통지하여야 한다. 다만, 갑이 비공개를 요청한 경우에는 이를 공개하지 아니한다. (공
     개 또는 비공개 여부:)
  ③ 법 제25조 및 같은 법 시행령 제21조에 따라 중개대상물에 관한 확인·설명의무를 성실하게 이행하여야 한다.
2. 갑의 권리·의무 사항
  ① 다음 각 호의 어느 하나에 해당하는 경우에는 갑은 그가 지급해야 할 중개보수에 해당하는 금액을 을에게 위약
     금으로 지급해야 한다. 다만, 제3호의 경우에는 중개보수의 50퍼센트에 해당하는 금액의 범위에서 을이 중개
     행위를 할 때 소요된 비용(사회통념에 비추어 상당하다고 인정되는 비용을 말한다)을 지급한다.
    1. 전속중개계약의 유효기간 내에 을 외의 다른 개업공인중개사에게 중개를 의뢰하여 거래한 경우
    2. 전속중개계약의 유효기간 내에 을의 소개에 의하여 알게 된 상대방과 을을 배제하고 거래당사자 간에 직접
       거래한 경우
    3. 전속중개계약의 유효기간 내에 갑이 스스로 발견한 상대방과 거래한 경우
  ② 갑은 을이 법 제25조에 따른 중개대상물 확인·설명의무를 이행하는데 협조하여야 한다.
3. 유효기간
  이 계약의 유효기간은   년   월   일까지로 한다.
  ※ 유효기간은 3개월을 원칙으로 하되, 갑과 을이 합의하여 별도로 정한 경우에는 그 기간에 따른다.
4. 중개보수
  중개대상물에 대한 거래계약이 성립한 경우 갑은 거래가액의 (   )%(또는   원)을 중개보수로 을에게 지급한다.
  ※ 뒤쪽 별표의 요율을 넘지 않아야 하며, 실비는 별도로 지급한다.
5. 을의 손해배상 책임
  을이 다음의 행위를 한 경우에는 갑에게 그 손해를 배상하여야 한다.
  1) 중개보수 또는 실비의 과다수령: 차액 환급
  2) 중개대상물의 확인·설명을 소홀히 하여 재산상의 피해를 발생하게 한 경우: 손해액 배상
6. 그 밖의 사항
  이 계약에 정하지 않은 사항에 대하여는 갑과 을이 합의하여 별도로 정할 수 있다.

  이 계약을 확인하기 위하여 계약서 2통을 작성하여 계약 당사자 간에 이의가 없음을 확인하고 각자 서명 또는
날인한 후 쌍방이 1통씩 보관한다.

년   월   일

계약자

중개의뢰인 (갑)	주소(체류지)		성명		(서명 또는 인)
	생년월일		전화번호		
개업 공인중개사 (을)	주소(체류지)		성명 (대표자)		(서명 또는 인)
	상호(명칭)		등록번호		
	생년월일		전화번호		

210mm×297mm[일반용지 60g/㎡(재활용품)]

※ 중개대상물의 거래내용이 권리를 이전(매도·임대 등)하려는 경우에는 「Ⅰ. 권리이전용(매도·임대 등)」에 적고, 권리를 취득 (매수·임차 등)하려는 경우에는 「Ⅱ. 권리취득용(매수·임차 등)」에 적습니다.

Ⅰ. 권리이전용(매도·임대 등)

구분	[ ] 매도 [ ] 임대 [ ] 그 밖의 사항( )			
소유자 및 등기명의인	성명		생년월일	
	주소			
중개대상물의 표시	건축물	소재지		건축연도
		면 적 ㎡	구 조	용 도
	토지	소재지		지 목
		면 적 ㎡	지역· 지구 등	현재 용도
	은행융자·권리금·제세공과금 등(또는 월임대료·보증금·관리비 등)			
권리관계				
거래규제 및 공법상 제한사항				
중개의뢰 금액	원			
그 밖의 사항				

Ⅱ. 권리취득용(매수·임차 등)

구분	[ ] 매수 [ ] 임차 [ ] 그 밖의 사항( )	
항목	내용	세부내용
희망물건의 종류		
취득 희망가격		
희망 지역		
그 밖의 희망조건		
첨부서류	중개보수 요율표(「공인중개사법」 제32조제4항 및 같은 법 시행규칙 제20조에 따른 요율표를 수록합니다) ※ 해당 내용을 요약하여 수록하거나, 별지로 첨부합니다.	

유외사항

[개업공인중개사 위법행위 신고안내]
개업공인중개사가 중개보수 과다수령 등 위법행위 시 시·군·구 부동산중개업 담당 부서에 신고할 수 있으며, 시·군·구에서는 신고사실을 조사한 후 적정한 조치를 취하게 됩니다.

부동산거래계약 신고서

※ 뒤쪽의 유의사항·작성방법을 읽고 작성하시기 바라며, [ ]에는 해당하는 곳에 √표를 합니다.   (앞쪽)

접수번호		접수일시		처리기간	지체없이

① 매도인	성명(법인명)		주민등록번호(법인·외국인등록번호)		국적
	주소(법인소재지)			거래지분 비율 (분의)	
	전화번호		휴대전화번호		

② 매수인	성명(법인명)		주민등록번호(법인·외국인등록번호)		국적
	주소(법인소재지)			거래지분 비율 (분의)	
	전화번호		휴대전화번호		
	③ 법인신고서등	[ ]제출　　[ ]별도 제출　　[ ]해당 없음			
	외국인의 부동산등 매수용도	[ ]주거용(아파트)　[ ]주거용(단독주택)　[ ]주거용(그 밖의 주택) [ ]레저용　　[ ]상업용　　　[ ]공업용　　[ ]그 밖의 용도			

개업 공인중개사	성명(법인명)		주민등록번호(법인·외국인등록번호)	
	전화번호		휴대전화번호	
	상호		등록번호	
	사무소 소재지			

거래대상	종류	④ [ ]토지　[ ]건축물 (　　　　)　[ ]토지 및 건축물 (　　　　)			
		⑤ [ ]공급계약　[ ]전매　[ ]분양권　[ ]입주권　[ ]준공 전　[ ]준공 후 [ ]임대주택 분양전환			
	⑥ 소재지/지목/ 면적	소재지			
		지목	토지면적　　　㎡	토지 거래지분 (분의)	
		대지권비율 분의	건축물면적　　　㎡	건축물 거래지분 (분의)	
	⑦ 계약대상 면적	토지　　　㎡	건축물　　　㎡		
	⑧ 물건별 거래가격	공급계약 또는 전매	분양가격 원	발코니 확장 등 선택비용 원	추가 지급액 등 원

⑨ 총 실제 거래가격 (전체)	합계 원	계약금	원	계약 체결일	
		중도금	원	중도금 지급일	
		잔금	원	잔금 지급일	

⑩ 종전 부동산	소재지/지목 /면적	소재지			
		지목	토지면적　　　㎡	토지 거래지분 (분의)	
		대지권비율 분의	건축물면적　　　㎡	건축물 거래지분 (분의)	
	계약대상 면적	토지　　　㎡	건축물　　　㎡	건축물 유형(　　　)	
	거래금액	합계 원	추가 지급액 등 원	권리가격 원	
		계약금 원	중도금 원	잔금 원	

⑪ 계약의 조건 및 참고사항	

「부동산 거래신고 등에 관한 법률」 제3조제1항부터 제4항까지 및 같은 법 시행규칙 제2조제1항부터 제4항까지
의 규정에 따라 위와 같이 부동산거래계약 내용을 신고합니다.

　　　　　　　　　　　　　　　　　　　　　　　　　　　　년　　　월　　　일

신고인　　　　매도인 :　　　　　　　　　　　(서명 또는 인)
　　　　　　　매수인 :　　　　　　　　　　　(서명 또는 인)
　　　　　　　개업공인중개사 :　　　　　　　(서명 또는 인)
　　　　　　　(개업공인중개사 중개 시)

시장·군수·구청장 귀하

210mm×297mm[백상지(80g/㎡) 또는 중질지(80g/㎡)]

첨부서류	1. 부동산 거래계약서 사본(「부동산 거래신고 등에 관한 법률」 제3조제2항 또는 제4항에 따라 단독으로 부동산거래의 신고를 하는 경우에만 해당합니다) 2. 단독신고사유서(「부동산 거래신고 등에 관한 법률」 제3조제2항 또는 제4항에 따라 단독으로 부동산거래의 신고를 하는 경우에만 해당합니다)

유의사항

1. 「부동산 거래신고 등에 관한 법률」 제3조 및 같은 법 시행령 제3조의 실제 거래가격은 매수인이 매수한 부동산을 양도하는 경우 「소득세법」 제97조제1항·제7항 및 같은 법 시행령 제163조제11항제2호에 따라 취득 당시의 실제 거래가격으로 보아 양도차익이 계산될 수 있음을 유의하시기 바랍니다.
2. 거래당사자 간 직접거래의 경우에는 공동으로 신고서에 서명 또는 날인을 하여 거래당사자 중 일방이 신고서를 제출하고, 중개거래의 경우에는 개업공인중개사가 신고서를 제출해야 하며, 거래당사자 중 일방이 국가 및 지자체, 공공기관인 경우(국가등)에는 국가등이 신고하여야 합니다.
3. 부동산거래계약 내용을 기간 내에 신고하지 않거나, 거짓으로 신고하는 경우 「부동산 거래신고 등에 관한 법률」 제28조제1항 부터 제3항까지의 규정에 따라 과태료가 부과되며, 신고한 계약이 해제, 무효 또는 취소가 된 경우 거래당사자는 해제 등이 확정된 날로부터 30일 이내에 같은 법 제3조의2에 따라 신고를 해야 합니다.
4. 담당 공무원은 「부동산 거래신고 등에 관한 법률」 제6조에 따라 거래당사자 또는 개업공인중개사에게 거래계약서, 거래대금지급 증명 자료 등 관련 자료의 제출을 요구할 수 있으며, 이 경우 자료를 제출하지 않거나, 거짓으로 자료를 제출하거나, 그 밖의 필요한 조치를 이행하지 않으면 같은 법 제28조제1항 또는 제2항에 따라 과태료가 부과됩니다.
5. 거래대상의 종류가 공급계약(분양) 또는 전매계약(분양권, 입주권)인 경우 ⑧ 물건별 거래가격 및 ⑨ 총 실제거래가격에 부가가치세를 포함한 금액을 적고, 그 외의 거래대상의 경우 부가가치세를 제외한 금액을 적습니다.

작성방법

1. ①·② 거래당사자가 다수인 경우 매도인 또는 매수인의 주소란에 ⑥의 거래대상별 거래지분을 기준으로 각자의 거래 지분 비율(매도인과 매수인의 거래지분 비율은 일치해야 합니다)을 표시하고, 거래당사자가 외국인인 경우 거래당사자의 국적을 반드시 적어야 하며, 외국인이 부동산등을 매수하는 경우 매수용도란에 주거용(아파트), 주거용(단독주택), 주거용(그 밖의 주택), 레저용, 상업용, 공장용, 그 밖의 용도 중 하나에 √표시를 합니다.
2. ③ "법인신고서등" 란은 별지 제1호의2서식의 법인 주택 거래계약 신고서, 별지 제1호의3서식의 주택취득자금 조달 및 입주계획서, 제2조제7항 각 호의 구분에 따른 서류, 같은 항 후단에 따른 사유서 및 별지 제1호의4서식의 토지취득자금 조달 및 토지이용계획서를 이 신고서와 함께 제출하는지 또는 별도로 제출하는지를 √표시하고, 그 밖의 경우에는 해당 없음에 √표시를 합니다.
3. ④ 부동산 매매의 경우 "종류" 란에는 토지, 건축물 또는 토지 및 건축물(복합부동산의 경우)에 √표시를 하고, 해당 부동산이 "건축물" 또는 "토지 및 건축물" 인 경우에는 ( )에 건축물의 종류를 "아파트, 연립, 다세대, 단독, 다가구, 오피스텔, 근린생활시설, 사무소, 공장" 등 「건축법 시행령」 별표 1에 따른 용도별 건축물의 종류를 적습니다.
4. ⑤ 공급계약은 시행사 또는 건축주가 최초로 부동산을 공급(분양)하는 계약을 말하며, 준공 전과 준공 후 계약 여부에 따라 √표시를 하고, "임대주택 분양전환"은 임대주택사업자(법인으로 한정)가 임대기한이 완료되어 분양전환하는 주택인 경우에 √표시를 합니다. 전매는 부동산을 취득할 수 있는 권리의 매매로서, "분양권" 또는 "입주권"에 √표시를 합니다.
5. ⑥ 소재지는 지번(아파트 등 집합건축물의 경우에는 동·호수)까지, 지목/면적은 토지대장상의 지목·면적, 건축물면적은 건축물대장상의 건축물 면적(집합건축물의 경우 호수별 전용면적, 그 밖의 건축물의 경우 연면적), 등기사항증명서상의 대지권 비율, 각 거래대상의 토지와 건축물에 대한 거래 지분을 정확하게 적습니다.
6. ⑦ "계약대상 면적" 란에는 실제 거래면적을 계산하여 적되, 건축물 면적은 집합건축물의 경우 전용면적을 적고, 그 밖의 건축물의 경우 연면적을 적습니다.
7. ⑧ "물건별 거래가격" 란에는 각각의 부동산별 거래가격을 적습니다. 최초 공급계약(분양) 또는 전매계약(분양권, 입주권)의 경우 분양가격, 발코니 확장 등 선택비용 및 추가 지급액 등(프리미엄 등 분양가격을 초과 또는 미달하는 금액)을 각각 적습니다. 이 경우 각각의 비용에 부가가치세가 있는 경우 부가가치세를 포함한 금액으로 적습니다.
8. ⑨ "총 실제 거래가격" 란에는 전체 거래가격(둘 이상의 부동산을 함께 거래하는 경우 각각의 부동산별 거래가격의 합계 금액)을 적고, 계약금/중도금/잔금 및 그 지급일을 적습니다.
9. ⑩ "종전 부동산" 란은 입주권 매매의 경우에만 작성하고, 거래금액란에는 추가 지급액 등(프리미엄 등 분양가격을 초과 또는 미달하는 금액) 및 권리가격, 합계 금액, 계약금, 중도금, 잔금을 적습니다.
10. ⑪ "계약의 조건 및 참고사항" 란은 부동산 거래계약 내용에 계약조건이나 기한을 붙인 경우, 거래와 관련한 참고내용이 있을 경우에 적습니다.
11. 다수의 부동산, 관련 필지, 매도·매수인, 개업공인중개사 등 기재사항이 복잡한 경우에는 다른 용지에 작성하여 간인 처리한 후 첨부합니다.
12. 소유권이전등기 신청은 「부동산등기 특별조치법」 제2조제1항 각 호의 구분에 따른 날부터 60일 이내에 신청해야 하며, 이를 이행하지 않는 경우에는 같은 법 제11조에 따라 과태료가 부과될 수 있으니 유의하시기 바랍니다.

처리절차

신고서 작성 (인터넷, 방문신고)	→	접수	→	신고처리	→	신고필증 발급
신고인				처리기관 시·군·구(담당부서)		

■ 부동산 거래신고 등에 관한 법률 시행규칙 [별지 제2호서식] <개정 2022. 2. 28.>

관리번호	제 호	접수번호	제 호	접수일	

부동산거래계약 신고필증

QR코드

매도인	성명(법인명)		생년월일(법인·외국인등록번호)		국적	
	주소(법인소재지)				거래지분 비율 (분의)	
	전화번호		휴대전화번호			
매수인	성명(법인명)		생년월일(법인·외국인등록번호)		국적	
	주소(법인소재지)				거래지분 비율 (분의)	
	전화번호		휴대전화번호			
개업 공인중개사	성명(법인명)		생년월일(법인·외국인등록번호)			
	전화번호		휴대전화번호			
	상호		등록번호			
	사무소 소재지					

거래대상	종류	[ ]토지 [ ]건축물( ) [ ]토지 및 건축물( )		
		[ ]공급계약 [ ]전매 [ ]분양권 [ ]입주권 [ ]준공 전 [ ]준공 후 [ ]임대주택 분양전환		
	소재지/지목/면적	소재지		
		지목	토지면적 ㎡	토지 거래지분 (분의)
		대지권비율 분의	건축물면적 ㎡	건축물 거래지분 (분의)
	계약대상 면적	토지 ㎡	건축물 ㎡	
	물건별 거래가격	거래금액 원		
		공급계약 또는 전매	분양가격 원	발코니 확장 등 선택비용 원	추가 지급액 등 원

총 실제 거래가격 (전체)	합계 원	계약금	원	계약체결일	
		중도금	원	중도금 지급일	
		잔금	원	잔금 지급일	

계약의 조건 및 참고사항	

「부동산 거래신고 등에 관한 법률」 제3조제5항 및 같은 법 시행규칙 제2조제12항에 따라 부동산거래계약 신고필증을 발급합니다.

년 월 일

시장·군수·구청장 [직인]

주택취득자금 조달 및 입주계획서

※ 색상이 어두운 난은 신청인이 적지 않으며, [ ]에는 해당되는 곳에 √표시를 합니다.　　　　　　(앞쪽)

접수번호			접수일시		처리기간	
제출인 (매수인)	성명(법인명)			주민등록번호(법인·외국인등록번호)		
	주소(법인소재지)			(휴대)전화번호		

① 자금 조달계획	자기 자금	② 금융기관 예금액		원	③ 주식·채권 매각대금		원
		④ 증여·상속		원	⑤ 현금 등 그 밖의 자금		원
		[ ] 부부 [ ] 직계존비속(관계:　　) [ ] 그 밖의 관계(　　　)			[ ] 보유 현금 [ ] 그 밖의 자산(종류:　　)		
		⑥ 부동산 처분대금 등		원	⑦ 소계		원
	차입금 등	⑧ 금융기관 대출액 합계	주택담보대출				원
			신용대출				원
		원	그 밖의 대출		(대출 종류:　　)		원
		기존 주택 보유 여부 (주택담보대출이 있는 경우만 기재) [ ] 미보유 [ ] 보유 (　건)					
		⑨ 임대보증금		원	⑩ 회사지원금·사채		원
		⑪ 그 밖의 차입금		원	⑫ 소계		
		[ ] 부부 [ ] 직계존비속(관계:　　) [ ] 그 밖의 관계(　　　)					원
⑬ 합계							원

⑭ 조달자금 지급방식	⑮ 총 거래금액	원
	⑯ 계좌이체 금액	원
	⑯ 보증금·대출 승계 금액	원
	⑰ 현금 및 그 밖의 지급방식 금액	원
	지급 사유 (　　　)	

⑱ 입주 계획	[ ] 본인입주 [ ] 본인 외 가족입주 (입주 예정 시기:　년　월)	[ ] 임대 (전·월세)	[ ] 그 밖의 경우 (재건축 등)

「부동산 거래신고 등에 관한 법률 시행령」 별표 1 제2호나목, 같은 표 제3호가목 전단, 같은 호 나목 및 같은 법 시행규칙 제2조제6항·제7항·제9항·제10항에 따라 위와 같이 주택취득자금 조달 및 입주계획서를 제출합니다.

　　　　　　　　　　　　　　　　　　　　　　　　　년　　월　　일

　　　　　　　　　　　　제출인　　　　　　　　　　　(서명 또는 인)

시장·군수·구청장 귀하

유의사항

1. 제출하신 주택취득자금 조달 및 입주계획서는 국세청 등 관계기관에 통보되어, 신고내역 조사 및 관련 세법에 따른 조사 시 참고자료로 활용됩니다.
2. 주택취득자금 조달 및 입주계획서(첨부서류 제출대상인 경우 첨부서류를 포함합니다)를 계약체결일부터 30일 이내에 제출하지 않거나 거짓으로 작성하는 경우 「부동산 거래신고 등에 관한 법률」 제28조제2항 또는 제3항에 따라 과태료가 부과되오니 유의하시기 바랍니다.
3. 이 서식은 부동산거래계약 신고서 접수 전에는 제출이 불가하오니 별도 제출하는 경우에는 미리 부동산거래계약 신고서의 제출여부를 신고서 제출자 또는 신고관청에 확인하시기 바랍니다.

210mm×297mm[백상지(80g/㎡) 또는 중질지(80g/㎡)]

첨부서류	투기과열지구에 소재하는 주택외 거래계약을 체결한 경우에는 다음 각 호외 구분에 따른 서류를 첨부해야 합니다. 이 경우 주택취급자금 조달 및 입주계획서의 제출일을 기준으로 주택취득에 필요한 자금의 대출이 실행되지 않았거나 본인 소유 부동산의 매매계약이 체결되지 않은 경우 등 항목별 금액 증명이 어려운 경우에는 그 사유서를 첨부해야 합니다. 1. 금융기관 예금액 항목을 적은 경우: 예금잔액증명서 등 예금 금액을 증명할 수 있는 서류 2. 주식·채권 매각대금 항목을 적은 경우: 주식거래내역서 또는 예금잔액증명서 등 주식·채권 매각 금액을 증명할 수 있는 서류 3. 증여·상속 항목을 적은 경우: 증여세·상속세 신고서 또는 납세증명서 등 증여 또는 상속받은 금액을 증명할 수 있는 서류 4. 현금 등 그 밖의 자금 항목을 적은 경우: 소득금액증명원 또는 근로소득 원천징수영수증 등 소득을 증명할 수 있는 서류 5. 부동산 처분대금 등 항목을 적은 경우: 부동산 매매계약서 또는 부동산 임대차계약서 등 부동산 처분 등에 따른 금액을 증명할 수 있는 서류 6. 금융기관 대출액 합계 항목을 적은 경우: 금융거래확인서, 부채증명서 또는 금융기관 대출신청서 등 금융기관으로부터 대출받은 금액을 증명할 수 있는 서류 7. 임대보증금 항목을 적은 경우: 부동산 임대차계약서 8. 회사지원금·사채 또는 그 밖의 차입금 항목을 적은 경우: 금전을 빌린 사실과 그 금액을 확인할 수 있는 서류

작성방법

1. ① "자금조달계획"에는 해당 주택의 취득에 필요한 자금의 조달계획(부동산 거래신고를 하기 전에 부동산 거래대금이 모두 지급된 경우에는 조달방법)을 적고, 매수인이 다수인 경우 매수인별로 작성해야 하며, 각 매수인별 금액을 합산한 총 금액과 거래신고된 주택거래금액이 일치해야 합니다.
2. ② ~ ⑥에는 자기자금을 종류별로 구분하여 중복되지 않게 적습니다.
3. ③ "금융기관 예금액"에는 금융기관에 예치되어 있는 본인명의의 예금(적금 등)을 통해 조달하려는 자금을 적습니다.
4. ④ "주식·채권 매각대금"에는 본인 명의 주식·채권 및 각종 유가증권 매각 등을 통해 조달하려는 자금을 적습니다.
5. ④ "증여·상속"에는 가족 등으로부터 증여 받거나 상속받아 조달하는 자금을 적고, 자금을 제공한 자와의 관계를 해당 난에 √표시를 하며, 부부 외의 경우 해당 관계를 적습니다.
6. ⑤ "현금 등 그 밖의 자금"에는 현금으로 보유하고 있는 자금 및 자기자금 중 다른 항목에 포함되지 않는 그 밖의 본인 자산을 통해 조달하려는 자금(금융기관 예금액 외의 각종 금융상품 및 간접투자상품을 통해 조달하려는 자금 포함)을 적고, 해당 자금이 보유하고 있는 현금일 경우 "보유 현금"에 √표시를 하고, 현금이 아닌 경우 "그 밖의 자산"에 √표시를 하고 자산의 종류를 적습니다.
7. ⑤ "부동산 처분대금 등"에는 본인 소유 부동산의 매도, 기존 임대보증금 회수 등을 통해 조달하려는 자금 또는 재건축, 재개발시 발생한 종전 부동산 권리가액 등을 적습니다.
8. ⑦ "소계"에는 ② ~ ⑥의 합계액을 적습니다.
9. ⑧ ~ ⑪에는 자기자금을 제외한 차입금 등을 종류별로 구분하여 중복되지 않게 적습니다.
10. ⑧ "금융기관 대출액 합계"에는 금융기관으로부터 대출을 통해 조달하려는 자금 또는 매도인의 대출금 승계 자금을 적고, 주택담보대출·신용대출인 경우 해당 난에 대출액을 적으며, 그 밖의 대출인 경우 대출액 및 대출 종류를 적습니다. 또한 주택담보 대출액인 경우 "기존 주택 보유 여부"의 해당 난에 √표시를 합니다. 이 경우 기존 주택은 신고하려는 거래계약 대상인 주택은 제외하고, 주택을 취득할 수 있는 권리와 주택을 지분으로 보유하고 있는 경우를 포함하며, "기존 주택 보유 여부" 중 "보유"에 √표시를 한 경우에는 기존 주택 보유 수(지분으로 보유하고 있는 경우에는 각 건별로 계산합니다)를 적습니다.
11. ⑨ "임대보증금"에는 취득 주택의 신규 임대차 계약 또는 매도인으로부터 승계한 임대차 계약의 임대보증금 등 임대를 통해 조달하는 자금을 적습니다.
12. ⑩ "회사지원금·사채"에는 금융기관 외의 법인, 개인사업자로부터 차입을 통해 조달하려는 자금을 적습니다.
13. ⑪ "그 밖의 차입금"에는 ⑧ ~ ⑩에 포함되지 않는 차입금 등을 적고, 자금을 제공한 자와의 관계를 해당 난에 √표시를 하고 부부 외의 경우 해당 관계를 적습니다.
14. ⑫에는 ⑧ ~ ⑪과 ⑬의 합계액을 적습니다.
15. ⑭ "조달자금 지급방식"에는 조달한 자금을 매도인에게 지급하는 방식 등을 각 항목별로 적습니다.
16. ⑤ "계좌이체 금액"에는 금융기관 계좌이체로 지급했거나 지급 예정인 금액 등 금융기관을 통해서 자금지급 확인이 가능한 금액을 적습니다.
17. ⑯ "보증금·대출 승계 금액"에는 종전 임대차계약 보증금 또는 대출금 승계 등 매도인으로부터 승계했거나 승계 예정인 자금의 금액을 적습니다.
18. ⑰ "현금 및 그 밖의 지급방식 금액"에는 ⑯, ⑯ 외의 방식으로 지급했거나 지급 예정인 금액을 적고 계좌이체가 아닌 현금(수표) 등의 방식으로 지급하는 구체적인 사유를 적습니다.
19. ⑱ "입주 계획"에는 해당 주택의 거래계약을 체결한 이후 첫 번째 입주자 기준(다세대, 다가구 등 2세대 이상인 경우에는 해당 항목별 중복하여 적습니다)으로 적으며, "본인입주"란 매수자 및 주민등록상 동일 세대원이 함께 입주하는 경우를, "본인 외 가족입주"란 매수자와 주민등록상 세대가 분리된 가족이 입주하는 경우를 말하며, 이 경우에는 입주 예정 시기 연월을 적습니다. 또한 재건축 추진 또는 멸실 후 신축 등 해당 주택에 입주 또는 임대하지 않는 경우 등에는 "그 밖의 경우"에 √표시를 합니다.

주택 임대차 계약 신고서

※ 뒤쪽의 유의사항·작성방법을 읽고 작성하시기 바라며, [ ]에는 해당하는 곳에 √표를 합니다.　　　　　　　(앞쪽)

접수번호			접수일시		처리기간 지체 없이

①임대인	성명(법인·단체명)			주민등록번호(법인·외국인등록·고유번호)	
	주소(법인·단체 소재지)				
	전화번호			휴대전화번호	

②임차인	성명(법인·단체명)			주민등록번호(법인·외국인등록·고유번호)	
	주소(법인·단체 소재지)				
	전화번호			휴대전화번호	

③임대 목적물 현황	종류	아파트[ ] 연립[ ] 다세대[ ] 단독[ ] 다가구[ ] 오피스텔[ ] 고시원[ ] 그 밖의 주거용[ ]			
	④소재지(주소)				
	건물명( )		동	층	호
	⑤임대 면적(㎡)	㎡	방의 수(칸)		칸

임대 계약내용	⑥신규 계약 [ ]	임대료	보증금		원
			월 차임		원
		계약 기간	년 월 일 ~ 년 월 일		
		체결일	년 월 일		
	⑦갱신 계약 [ ]	종전 임대료	보증금		원
			월 차임		원
		갱신 임대료	보증금		원
			월 차임		원
		계약 기간	년 월 일 ~ 년 월 일		
		체결일	년 월 일		
	⑧「주택임대차보호법」 제6조의3에 따른 계약갱신요구권 행사 여부		[ ] 행사 [ ] 미행사		

「부동산 거래신고 등에 관한 법률」 제6조의2 및 같은 법 시행규칙 제6조의2에 따라 위와 같이 주택 임대차 계약 내용을 신고합니다.

　　　　　　　　　　　　　　　　　　　　　　　　　　　　　　　년　　　　월　　　　일

　　　　　　　　　　　　　　　임대인 :　　　　　　　　　(서명 또는 인)
　　　　　　　　　　　　　　　임차인 :　　　　　　　　　(서명 또는 인)
　　　　　　신고인　　　　　　제출인 :　　　　　　　　　(서명 또는 인)
　　　　　　　　　　　　　　　(제출　　대행
　　　　　　　　　　　　　　시)

시장·군수·구청장 (읍·면·동장·출장소장) 귀하

첨부서류	1. 주택 임대차 계약서(「부동산 거래신고 등에 관한 법률」 제6조의5제3항에 따른 확정일자를 부여받으려는 경우 및 「부동산 거래신고 등에 관한 법률 시행규칙」 제6조의2제3항·제5항·제9항에 따른 경우만 해당합니다)
	2. 입금표·통장사본 등 주택 임대차 계약 체결 사실을 입증할 수 있는 서류 등(주택 임대차 계약서를 작성하지 않은 경우만 해당합니다) 및 계약갱신요구권 행사 여부를 확인할 수 있는 서류 등
	3. 단독신고사유서(「부동산 거래신고 등에 관한 법률」 제6조의2제3항과 같은 법 시행규칙 제6조의2제5항에 따라 단독으로 주택 임대차 신고서를 제출하는 경우만 해당합니다)

유의사항

1. 「부동산 거래신고 등에 관한 법률」 제6조의2제1항 및 같은 법 시행규칙 제6조의2제1항에 따라 주택 임대차 계약 당사자는 이 신고서에 공동으로 서명 또는 날인해 계약 당사자 중 일방이 신고서를 제출해야 하고, 계약 당사자 중 일방이 국가, 지방자치단체, 공공기관, 지방직영기업, 지방공사 또는 지방공단인 경우(국가등)에는 국가등이 신고해야 합니다.

2. 주택 임대차 계약의 당사자가 다수의 임대인 또는 임차인인 경우 계약서에 서명 또는 날인한 임대인 및 임차 인 1명의 인적사항을 적어 제출할 수 있습니다.

3. 「부동산 거래신고 등에 관한 법률 시행규칙」 제6조의2제3항에 따라 주택 임대차 계약 당사자 일방이 이 신고서에 주택 임대차 계약서 또는 입금증, 주택 임대차 계약과 관련된 금전거래내역이 적힌 통장사본 등 주택 임대차 계약 체결 사실을 입증할 수 있는 서류(주택 임대차 계약서를 작성하지 않은 경우만 해당합니다), 「주택임대차보호법」 제6조의3에 따른 계약갱신요구권 행사 여부를 확인할 수 있는 서류 등을 제출하는 경우에는 계약 당사자가 공동으로 신고한 것으로 봅니다.

4. 「부동산 거래신고 등에 관한 법률 시행규칙」 제6조의2제9항에 따라 신고인이 같은 조 제1항 각 호의 사항이 모두 적힌 주택 임대차 계약서를 신고관청에 제출하면 주택 임대차 계약 신고서를 제출하지 않아도 됩니다. 이 경우 신고관청에서 주택 임대차 계약서로 주택 임대차 신고서 작성 항목 모두를 확인할 수 없으면 주택 임대차 계약 신고서의 제출을 요구할 수 있습니다.

5. 「부동산 거래신고 등에 관한 법률 시행규칙」 제6조의5에 따라 주택 임대차 계약 당사자로부터 신고서의 작성 및 제출을 위임받은 자는 제출인란에 서명 또는 날인해 제출해야 합니다.

6. 주택 임대차 계약의 내용을 계약 체결일부터 30일 이내에 신고하지 않거나, 거짓으로 신고하는 경우 「부동산 거래신고 등에 관한 법률」 제28조제5항제3호에 따라 100만원 이하의 과태료가 부과됩니다.

7. 신고한 주택 임대차 계약의 보증금, 차임 등 임대차 가격이 변경되거나 임대차 계약이 해제된 경우에도 변경 또는 해제가 확정된 날부터 30일 이내에 「부동산 거래신고 등에 관한 법률」 제6조의3에 따라 신고해야 합니다.

작성방법

①·② 임대인 및 임차인의 성명·주민등록번호 등 인적사항을 적으며, 주택 임대차 계약의 당사자가 다수의 임대인 또는 임차인인 경우 계약서에 서명 또는 날인한 임대인 및 임차인 1명의 인적사항을 적어 제출할 수 있습니다.

③ 임대 목적물 현황의 종류란에는 임대차 대상인 주택의 종류에 √표시를 하고, 주택의 종류를 모를 경우 건축물대장(인터넷 건축행정시스템 세움터에서 무료 열람 가능)에 적힌 해당 주택의 용도를 참고합니다.

④ 소재지(주소)란에는 임대차 대상 주택의 소재지(주소)를 적고, 건물명이 있는 경우 건물명(예: 00아파트, 00빌라, 다가구건물명 등)을 적으며, 동·층·호가 있는 경우 이를 적고, 구분 등기가 되어 있지 않은 다가구주택 및 고시원 등의 일부를 임대한 경우에도 동·층·호를 적습니다.

⑤ 임대 면적란에는 해당 주택의 건축물 전체에 대해 임대차 계약을 체결한 경우 집합건축물은 전용면적을 적고, 그 밖의 건축물은 연면적을 적습니다. 건축물 전체가 아닌 일부를 임대한 경우에는 임대차 계약 대상 면적만 적고 해당 면적을 모르는 경우에는 방의 수(칸)를 적습니다.

⑥·⑦ 신고하는 주택 임대차 계약이 신규 계약 또는 갱신 계약 중 해당하는 하나에 √표시를 하고, 보증금 또는 월 차임(월세) 금액을 각각의 란에 적으며, 임대차 계약 기간과 계약 체결일도 각각의 란에 적습니다.

⑧ 갱신 계약란에 √표시를 한 경우 임차인이 「주택임대차보호법」 제6조의3에 따른 계약갱신요구권을 행사했는지를 "행사" 또는 "미행사"에 √표시를 합니다.

※ 같은 임대인과 임차인이 소재지(주소)가 다른 다수의 주택에 대한 임대차 계약을 일괄하여 체결한 경우에도 임대 목적물별로 각각 주택 임대차 신고서를 작성해 제출해야 합니다.

처리절차

신고서 작성 (인터넷, 방문신고)	→	접수	→	신고처리	→	주택 임대차 계약 신고필증 발급
신고인		처리기관: 시·군·구(읍·면·동장·출장소) 담당부서				

210mm×297mm[백상지(80g/㎡) 또는 중질지(80g/㎡)]

■ 부동산 거래신고 등에 관한 법률 시행규칙 [별지 제5호의3서식] <신설 2021. 6. 1.>

주택 임대차 계약 신고필증

관리번호 제 호	접수번호 제 호	접수완료일	확정일자번호 제 호

임대인	성명(법인·단체명)		생년월일(법인·고유번호)	
	주소(법인·단체 소재지)			
	전화번호		휴대전화번호	

임차인	성명(법인·단체명)		생년월일(법인·고유번호)	
	주소(법인·단체 소재지)			
	전화번호		휴대전화번호	

임대 목적물 현황	종류	
	소재지(주소)	
	건물명( )	동 층 호
	임대 면적(㎡)	㎡ 방의 수(칸) 칸

임대 계약내용	( ) 계약	임대료	보증금	원	변경 보증금	원
			월 차임	원	변경 월 차임	원
		계약 기간	년 월 일 ~ 년 월 일			
		체결일		변경 계약 체결일		
		계약갱신요구권 행사 여부				

「부동산 거래신고 등에 관한 법률」 제6조의2제4항, 제6조의3제3항 및 같은 법 시행규칙 제6조의2제7항, 제6조의3제3항 및 제6조의4제3항에 따라 주택 임대차 계약 신고필증을 발급합니다.

년 월 일

시장·군수·구청장
(읍·면·동장·출장소장)

[직인]

210mm×297mm[백상지(80g/㎡) 또는 중질지(80g/㎡)]

「공인중개사 자격제도 개선을 위한 연구」
제 안 요 청 서

2022. 9.

국 토 교 통 부
부 동 산 산 업 과

〈 목 차 〉

Ⅰ. 연구용역 개요 ································· 1

Ⅱ. 주요 과업 내용[제안요청 사항] ··················· 2

Ⅲ. 과업수행 지침 ······························· 3

Ⅳ. 보안대책 ·································· 9

Ⅴ. 예정공정표 ································ 11

Ⅵ. 제안서 작성 요령 ···························· 11

Ⅶ. 제안서 제출 방법 ··························· 13

Ⅷ. 제안서의 평가 ····························· 13

Ⅸ. 계약자 선정 ······························· 16

※ 붙임 1. 제안서 작성 목차 ······················ 18
　　붙임 2. 제안서 편철 순서 및 서식 ················· 19

Ⅰ. 연구용역 개요

1. 과업명 : 공인중개사 자격제도 개선을 위한 연구

2. 과업의 배경 및 목적

□ 최근 5년간 **연평균 22,200명**의 공인중개사가 배출되어 주택관리사(1,610명), 감정평가사(203명) 등 다른 국가전문자격에 비해 현저히 많은 인원을 시장에 공급하고 있음

ㅇ 공인중개사의 과잉공급은 한정된 부동산중개시장 내에서 중개건수와 수입 감소로 이어져 **서비스 질이 악화**되거나, 과당경쟁으로 인한 **가격왜곡**(고호가 등) 등의 **부작용**을 초래할 위험이 높음

- 응시인원이 지속 증가하고 있고 **합격자 수에 비해 실제 개업하는 공인중개사의** 비율은 낮아 시험준비로 인한 **사회적·경제적 비용이 과다하게** 발생하고 있는 실정

  * '21년 기준 **자격보유자(493,503명)** 중 **119,108명(25.1%)** 개업, 감정평가사는 90% 개업

□ 공인중개사 자격취득 후 **정기교육**[*] 이외 전문역량 강화를 위한 제도기반 미비로 **낮은 소비자 신뢰도** 및 **전문자격으로서 위상도 부족한 실정임**

* 부동산 공법(세법, 도시개발법, 주택법 등), 직업윤리, 부동산사고예방 중심
  의 교육으로 소비자가 원하는 특화된 서비스 제공이나 프롭테크 등 중개시
  장 변화 대처에 한계

ㅇ 이에 따라, 국가전문자격으로서의 **공인중개사 위상 제고**와 부동
  산시장에 **높은 수준의 전문인력 공급**을 위해 자격 및 교육
  제도를 개선하고 함

3. 용역 예산 : 30백만원(부가가치세 포함)

> ※ 본 사업예산은 부가가치세가 포함된 금액이므로 입찰자가 면세사업자인 경우
> 에도 입찰금액은 반드시 부가가치세를 포함하여 투찰하여야 하며, 입찰결과
> 낙찰자가 면세사업자인 경우 낙찰금액에서 부가가치세 상당액을 차감한 금액을
> 계약금액으로 함

4. 사업수행기간 : 계약체결일로부터 5개월(150일)

5. 입찰 및 계약방식

가. 경쟁입찰, 총액입찰, 전자입찰방식
나. 협상에 의한 계약 체결 방식
다. 제안서 제출방식은 **온라인 제출**입니다. **입찰에 참여하**
  는 자는 e-발주시스템으로 제안서를 제출하여야 합
  니다.

Ⅱ. 주요 과업내용 [제안요청 사항]

1. 제도 현황

□ **해외 주요국**(미·영·일·독·프 등)의 자격인증 기준, 수급조절, 교육 등 **공인중개사 제도 현황** 및 국내 제도와 비교·검토

□ 상대평가로 운영하고 있는 **다른 국가자격의** 선발예정인원 산정 시 고려사항, 절차 및 기준 등 **시험제도 현황**

    * 감정평가사, 공인회계사, 공인노무사, 변리사, 관세사, 법무사, 세무사 등

2. 공인중개사 시장 공급 방안

□ **부동산중개시장 규모** 및 적정 **공인중개사 수 산정**에 관한 사항

    * 거래건수, 매출액, 가구 수, 소득액, 인구 수 등 다양한 영향 요소 고려

□ 공인중개사시험 상대평가 도입 방식 및 **응시 자격 개선**에 관한 사항

□ 공인중개사의 **자격관리**에 관한 사항

    * 자격갱신제, 중개사고 삼진아웃제, 미종사자 자격박탈 등

3. 교육시스템 개선

□ 공인중개사 **전문분야별**(토지·건축 등) 역량 강화 및 **부동산신 산업**(프롭테크, 부동산금융 등) 대응을 위한 **교육커리큘럼 개선**에 관한 사항

□ 중개보조원에 대한 부동산중개 **전문 교육** 강화 방안

  * 현재는 직업윤리 중심의 직무교육(3~4시간) 이수 후 현업 투입

Ⅲ. 과업 수행지침

1. 일반사항

가. 과업 수행

○ 과업수행자는 「공인중개사 자격제도 개선을 위한 연구」 용역 업무를 성실히 수행하여야 하며, 관련 예산은 업 무목적을 달성하기 위한 용도 외 다른 용도로 사용할 수 없다.

○ 발주처는 과업수행자가 사업비를 다른 목적으로 사용하 거나 사용하지 아니한 금액에 대하여는 계약금액을 감액 조정하거나 반환을 요구할 수 있다.

○ 과업 수행은 본 과업지시서에 따라 수행하여야 하며, 과업 지시서에 포함되지 아니한 사항이라도 발주자가 여건 변동 등으로 과업 내용에 추가변경을 요구하는 경우 이를 과업 수행에 포함하여야 한다.

2. 중개업무 참고 사이트

사이트명	주소	정보내용
정부사이트		
정부24	https://www.gov.kr/portal/main	주민등록 등·초본, 위변조 확인, 건축물대장, 토지대장열람발급
부동산거래관리시스템	https://rtms.molit.go.kr	부동산거래신고, 신고필증 출력, 임대차계약신고
국토부실거래가 공개시스템	http://rt.molit.go.kr	실거래가 공개
인터넷등기소	http://www.iros.go.kr/PMainJ.jsp	부동산등기부
토지e음	www.eum.go.kr	토지이용계획확인원
홈택스	https://www.hometax.go.kr	국세, 양도소득세 계산, 현금영수증,부가세, 사업소득세 신고
위택스	www.wetax.go.kr	지방세
도로명주소안내시스템	http://www.juso.go.kr	계약서 쓸 때 도로명 주소 변환
일사편리	https://kras.go.kr:444	부동산 종합증명서 서비스
세움터	https://cloud.eais.go.kr	건축물대장 발급
도로교통공단	https://dls.koroad.or.kr	운전면허증진위확인
SEE:REAL	https://seereal.lh.or.kr	토지이용계획확인원, 부동산 통계, 중개업 찾기, 지번 찾기
전자수입인지	http://www.e-revenuestamp.or.kr	매매·분양계약 체결 시 수입인지 납부
한국부동산원	http://www.reb.or.kr	청약 정보, 부동산 정보, 통계
전국은행연합회	https://www.kfb.or.kr	은행 대출 참고, 금융상품 정보, 금리/수수료 비교 공시

시세정보사이트		
네이버부동산	http://land.navercom	매물정보, 부동산 시세
KB부동산	http://kbland.kr	아파트, 빌라 매물정보, 시세정보
호갱노노	http://hogangnono.com	아파트 실거래가, 시세
아실	http://asil.kr	아파트 실거래가, 분양정보
직방	https://zigbang.com	빌라, 주택, 원룸 플랫폼
다방	https://www.dabangapp.com	빌라, 주택, 원룸 플랫폼
피터팬의 좋은방구하기	https://cafe.naver.com/kig	원룸정보플랫폼
디스코	http://www.disco.re	건물, 토지 실거래 정보
다윈중개	http://dawin.xyz	부동산중개정보플랫폼
부동산지인	https://aptgin.com/root_main	부동산빅데이터 분석
부동산플래닛	https://www.bdsplanet.com/map/biz_map.ytp	토지건물실거래
엑스레이맵	http://www.biz-gis.com/XRayMap	유동 인구 분석
밸류맵	http://www.valueupmap.com	토지 시세, 다가구 시세조사
밸류쇼핑	http://valueshopping.land	부동산가격 산정 시스템
랜드북	http://www.lanclbook.net	신축개발사업성검토, 용적률 계산

세무.법무(등기)		
세무통	https://semutong.com	세무사 가격비교, 세무관련 정보
법무통	https://www.bmtong.co.kr/web/index.jsp	반값등기
경공매사이트		
대법원경매사이트	https://www.courtauction.go.kr/	경매사이트
스마트온비드	http://www.onbic.co.kr	공매사이트
인테리어		
오늘의집	http://ohou.se	인테리어 포털
하우스텝	https://www.houstep.co.kr	도배, 장판
집닥	https://zipdoc.co.kr/	인테리어플랫폼
상가사이트		
소상공인마당	https://www.sbiz.or.kr	창업정보 제공, 정책 자금, 상권 정보
상권정보	https://sg.sbiz.or.kr	소상공인 상권 분석
네모	http://www.nemoapp.kr	상가사무실매물정보, 상권 분석

관리비정보		
공동주택관리정보시스템	http://www.k-apt.go.kr/	아파트관리정보
중앙공동주택관리지원센터	https://myapt.molit.go.kr/main/index.do	공동주택관리
반값중개사이트		
홈스퀘어	https://homesquare.co.kr/	반값중개,반값등기
우대빵	https://woodaebbang.com/	강서반값중개
집토스	https://ziptoss.com/	반값중개
건축사이트		
하우빌드	https://www.howbuild.com/	건축플랫폼
워커맨	https://www.iworkerman.com/home/main	수리수선
임대참고사이트		
전월세임대포털	https://jeonse.lh.or.kr/jw/main.do	깡통전세분석
고파스	http://www.koreapas.com	고려대 커뮤니티 쉐어하우스 정보
세연넷	http://www.seiyon.net	연세대 커뮤니티 쉐어하우스 정보
스누라이프	http://www.snulife.com	서울대 커뮤니티 쉐어하우스 정보
이화이언	http://www.ewhaian.com	이대 커뮤니티 쉐어하우스 정보
에브리타임	https://everytime.kr	전국 대학 원룸, 쉐어하우스 등 홍보
부동산카페		
부동산스터디	https://cafe.naver.com/jaegebal	부동산 네이버 최대 카페
아름다운내집갖기	https://cafe.naver.com/rainup	내 집 마련 사이트

부동산 N잡
생활중개 알아보기

펴 낸 날 2022년 11월 15일

지 은 이 홈스퀘어부동산연구원
펴 낸 이 이기성
편집팀장 이윤숙
기획편집 이지희, 윤가영, 서해주
표지디자인 이지희
책임마케팅 강보현, 김성욱
펴 낸 곳 도서출판 생각나눔
출판등록 제 2018-000288호
주   소 서울 잔다리로7안길 22, 태성빌딩 3층
전   화 02-325-5100
팩   스 02-325-5101
홈페이지 www.생각나눔.kr
이 메 일 bookmain@think-book.com

· 책값은 표지 뒷면에 표기되어 있습니다.
  ISBN 979-11-7048-472-1(13320)